Mita Pal
Soubhik Chakraborty
N.C. Mahanti

Análise de Complexidade Parametrizada de Algoritmos de Computador

Mita Pal
Soubhik Chakraborty
N.C. Mahanti

Análise de Complexidade Parametrizada de Algoritmos de Computador

ScienciaScripts

Imprint
Any brand names and product names mentioned in this book are subject to trademark, brand or patent protection and are trademarks or registered trademarks of their respective holders. The use of brand names, product names, common names, trade names, product descriptions etc. even without a particular marking in this work is in no way to be construed to mean that such names may be regarded as unrestricted in respect of trademark and brand protection legislation and could thus be used by anyone.

Cover image: www.ingimage.com

This book is a translation from the original published under ISBN 978-3-330-34744-1.

Publisher:
Sciencia Scripts
is a trademark of
Dodo Books Indian Ocean Ltd. and OmniScriptum S.R.L publishing group

120 High Road, East Finchley, London, N2 9ED, United Kingdom
Str. Armeneasca 28/1, office 1, Chisinau MD-2012, Republic of Moldova, Europe
Printed at: see last page
ISBN: 978-620-8-02154-2

ÍNDICE

Perfil do autor

A Dra. Mita Pal, MCA, completou o seu doutoramento na área da complexidade parametrizada sob a orientação conjunta do Dr. Soubhik Chakraborty e do Dr. N. C. Mahanti do departamento de Matemática do Birla Institute of Technology, Mesra, Ranchi, onde tem sido professora a tempo parcial. O presente livro é o resultado frutuoso da sua dissertação de doutoramento.

O Dr. Soubhik Chakraborty é atualmente professor no departamento de Matemática do Birla Institute of Technology, Mesra, Ranchi. Os seus interesses de investigação são a análise de algoritmos e a análise musical. Publicou vários artigos e alguns livros em ambas as áreas.

O Dr. N. C. Mahanti é Professor Emérito e Diretor (reformado) do Departamento de Matemática do Birla Institute of Technology,

Mesra, Ranchi. Tem contribuições significativas em vários domínios da matemática aplicada.

Prefácio

O presente livro faz uma avaliação estatística da influência dos parâmetros da distribuição de probabilidades de entrada na complexidade temporal de alguns dos algoritmos computacionais no paradigma da computação sequencial. Estas investigações sobre a complexidade parametrizada constituem uma área de investigação nova, desafiante e muito interessante, que envolve uma modelação estatística extensiva, uma vez que a análise teórica de tais problemas acaba por ser complexa e, de qualquer modo, seria baseada em contagens e não em pesos, o que não é o que queremos, e que um dos principais pontos fortes da estatística reside na modelação. Todos os modelos estatísticos são subjectivos, mas surgem a partir de dados objectivos ou quase objectivos e, muitas vezes, no seu centro, estão alguns teoremas matemáticos muito elegantes, claro, isentos de preconceitos. Nenhum modelo estatístico é verdadeiro ou falso, certo ou errado. O que importa, em última análise, é a motivação e as expectativas do estatístico em relação ao modelo e até que ponto o modelo consegue cumprir essas expectativas. Como comentário final, mesmo que a análise teórica seja bem sucedida, a análise estatística da complexidade do algoritmo tem algo a oferecer por direito próprio e deve, portanto, ser aventurada não com uma mentalidade pré-determinada para verificar o que já sabemos na teoria.

As ferramentas estatísticas padrão, como a análise de regressão aplicada, incluindo a poderosa regressão linear múltipla, a análise exploratória de dados, a conceção optimizada e a simulação (Monte Carlo) são amplamente utilizadas através de pacotes estatísticos e programação. Não é de surpreender que a maioria destas técnicas seja utilizada de forma proveitosa neste livro. Por exemplo, para estudar os efeitos de interação de dois ou mais parâmetros na complexidade parametrizada, são utilizadas experiências factoriais. Os dados para análise estatística são gerados através da execução de experiências computacionais. Uma experiência informática é definida como uma série de execuções de um código com diferentes entradas. No entanto, a variável de resposta para a maioria das experiências em computador é determinística, ou seja, a repetição da execução do código com os mesmos dados dá origem a um conjunto idêntico de observações. Esta experiência informática baseada num modelo informático complexo depende de vários parâmetros de entrada. Para tal, é necessário conhecer o valor exato dos parâmetros. A adaptação dos dados ao modelo informático é demasiado morosa, pelo que a execução dos códigos é computacionalmente dispendiosa. Quando fazemos a análise empírica de um algoritmo, com especial ênfase na complexidade temporal do algoritmo, estamos simplesmente a fazer uma experiência informática, restringindo a variável de resposta para representar um recurso qualquer, como o tempo consumido no processo (tecnicamente designado por complexidade do algoritmo). Um objetivo comum de uma experiência é ajustar um preditor mais barato do resultado aos dados. O tempo de execução de um programa, num sistema fixo e com um código fixo, é determinístico para uma entrada fixa, mas pode ser considerado estocástico para um tamanho de entrada fixo, mas com elementos de entrada que variam aleatoriamente. Assim, o objetivo é modelar o resultado determinístico como a realização de um processo estocástico que fornece uma base estatística para a conceção de experiências para uma previsão eficiente. Nalguns algoritmos, como a multiplicação clássica de matrizes, em que a fixação do parâmetro de entrada fixa todos os cálculos, é difícil gerar "ruído" simplesmente alterando os operandos das operações (para elementos variáveis da matriz de entrada), continua a haver motivação para a modelização estocástica com o objetivo de obter uma previsão barata e eficiente.

A complexidade algorítmica tradicional é toda ela baseada em contagens, limites e assímptotas. Esta ciência é uma ciência saturada, pois não há nada a acrescentar. No entanto, se aceitarmos "pesar" as operações (por exemplo o tempo pode ser um peso), se falarmos em termos de uma experiência computacional que só pode ser executada para um tamanho de entrada finito, se conseguirmos tornar este intervalo finito viável, ou seja, se apanhar uma grande % de conjuntos de dados vivos, substituindo as assíntotas que podem não ser realistas e, finalmente, se concordarmos em falar de uma estimativa em vez de um limite, uma vez que é uma estimativa que obtemos num intervalo finito, podemos sempre argumentar que, concebendo e analisando corretamente as nossas experiências computacionais, podemos aumentar a credibilidade da estimativa do limite. Chamamos a esta estimativa O empírico e a sua viabilidade comercial advém do facto de um homem prático selecionar o algoritmo cujo O empírico é mais forte. Além disso, faz da complexidade média uma ciência melhor, provando ou refutando a robustez, certifica a garantia que dá o limite no pior caso como conservador ou não conservador e pode anular uma afirmação matemática elevada no melhor caso. O livro utiliza um modelo estatístico, que produz um O empírico, para avaliar a complexidade temporal na computação sequencial, com especial destaque para a complexidade parametrizada.

A modelação informática está a ter um efeito profundo na investigação científica. Muitos processos são tão complexos que a experimentação física consome demasiado tempo ou é demasiado dispendiosa; ou, como neste caso da modelação meteorológica, a experimentação física pode ser simplesmente impossível. Jerome Sacks, que tem defendido fortemente a abordagem de modelar o resultado determinístico como a realização de um processo estocástico, fornecendo assim uma base estatística para a conceção de experiências (escolhendo o input) para uma previsão eficiente. Com este modelo, segundo Sacks, as estimativas da incerteza da previsão também estão disponíveis. Mas no nosso caso, para os algoritmos em que a fixação do tamanho da entrada não fixa todas as operações de computação (por exemplo, ordenação), temos a vantagem de fazer com que o tempo se comporte como uma variável aleatória para uma entrada de tamanho n fixo e elementos de entrada que variam aleatoriamente.

A complexidade parametrizada é um ramo da teoria da complexidade computacional na ciência da computação que se centra na classificação dos problemas computacionais de acordo com a sua dificuldade inerente em relação a múltiplos parâmetros de entrada. A complexidade de um problema é então medida como uma função desses parâmetros. Isto permite classificar problemas NP-difíceis numa escala mais fina do que no cenário clássico, onde a complexidade de um problema é medida apenas pelo número de bits na entrada. Assim, a complexidade parametrizada é uma abordagem nova e promissora à questão central de como lidar com problemas que são NP-difíceis ou piores, como é frequentemente o caso no mundo natural da computação. A ideia chave é isolar alguns aspectos ou partes da entrada como parâmetro (como no nosso caso, o(s) parâmetro(s) da distribuição de probabilidades da entrada). O primeiro trabalho sistemático sobre complexidade parametrizada foi efectuado pelo Prof. R.G. Downey e pelo Prof.

O nosso livro começa com um estudo sobre o shift-insertion sort, uma nova versão do insertion sort desenvolvida por nós, que se revela mais rápida do que o insertion sort convencional. Os estudos de complexidade parametrizada são realizados através de uma experiência fatorial de três cubos conduzida no novo insertion sort e no insertion sort que revela como os parâmetros da distribuição de entrada, tanto singular como interactivamente, são factores importantes, para além do tamanho da entrada, para avaliar a complexidade temporal com maior precisão. Embora os nossos resultados representem sem dúvida um desafio intelectual para os analistas teóricos, sublinhamos aqui que a previsão barata e eficiente é o objetivo das experiências informáticas.

Os próximos estudos são sobre o K-sort, uma nova versão do quick sort. O K-sort é evidentemente mais rápido do que o heap sort para um número de elementos de ordenação até 70 lakhs, embora ambos os algoritmos tenham a mesma ordem de complexidade $O(n\log_2 n)$ no caso médio. O K-sort, tal como o shift insertion sort, também é objeto de um estudo sobre a complexidade parametrizada.

As experiências factoriais de três cubos também são realizadas no K-sort. O nosso estudo sobre a complexidade parametrizada dos algoritmos também realça o papel importante dos laços.

No caso da multiplicação de matrizes de Amir Schoor, é fácil ver que o número de multiplicações aumenta linearmente com p para um n fixo para entradas de distribuição Bernoulli e o número de multiplicações diminui linearmente com p para um n fixo para entradas de distribuição geométrica, em que p é a probabilidade de sucesso e n é o tamanho da entrada, mostrando que a distribuição Bernoulli é oposta à distribuição geométrica.

No caso da pesquisa linear e binária, utilizando 3^2 experiências factoriais, observa-se que não só os efeitos principais, mas também os efeitos de interação, são altamente significativos na influência do número de comparações na pesquisa linear para a entrada binomial, mas são um pouco menos significativos na influência do número de comparações na pesquisa binária. Todos estes resultados sugerem claramente que, para além do tamanho da entrada, os parâmetros da distribuição da entrada também devem ser tidos em conta para explicar o comportamento de certos algoritmos. O papel das experiências factoriais está firmemente estabelecido na análise da complexidade parametrizada desses algoritmos. Quanto à questão de saber quais os algoritmos mais adequados para este tipo de estudos, a resposta é que aqueles em que a fixação do parâmetro de entrada que caracteriza o tamanho da matriz (k, no nosso caso) não fixa todas as operações de computação. Os algoritmos de ordenação e de pesquisa inserem-se nesta categoria.

Mita Pal

Soubhik Chakraborty

N. C. Mahanti

Capítulo 1: Introdução

Quando Sacks [2] propôs, perante uma equipa de investigação agressiva, a ideia de "imaginar a resposta determinística de uma experiência informática" como o "resultado de um processo estocástico" (conduzindo a uma previsão barata e eficiente), nasceu imediatamente uma escola de pensamento não tradicional - em oposição à escola tradicional de ajustar modelos estocásticos apenas a dados aleatórios.

Atualmente, as experiências informáticas [42], [43], na sua maioria determinísticas, encontram aplicações em todas as ciências aplicadas, incluindo a engenharia, as ciências informáticas, as ciências médicas, a matemática aplicada e a estatística. Uma experiência informática é uma série de execuções de código para várias entradas. É importante notar que a resposta de uma experiência informática (que depende do interesse do investigador) também pode ser uma complexidade como o tempo. A questão "Porque é que o tempo de execução de um programa, que é determinístico, deve ser caracterizado por um modelo estocástico?" deve ser sempre levantada e respondida. A forma correta de defender um modelo estocástico para o tempo de execução de um programa é a escola não tradicional de Sacks [2] e não a escola tradicional de Mahmoud [14], quando o tempo de execução de um programa se comporta "tradicionalmente" como uma variável aleatória para um tamanho de entrada fixo n e elementos de entrada que variam aleatoriamente. Este é um lapso importante e grave. É importante, porque os autores dos melhores livros de algoritmos perdem regularmente a ligação crucial entre a complexidade algorítmica e as experiências computacionais [25], e é grave, porque esta ligação pode ser explorada para tornar a complexidade média mais significativa para códigos complexos. A complexidade média para códigos complexos é melhor explicada por um limite concetual, chamado limite estatístico (baseado em pesos de operações conceptuais), e a sua estimativa empírica, cuja credibilidade depende da conceção e análise adequadas de uma experiência informática especial com o tempo como resposta (por outras palavras, o tempo de uma operação é igual ao seu peso) [12], [30].

1.1 Estudo da literatura

1.1.1 Seleção e pesquisa

A ordenação [1], [65] é qualquer processo de organização de itens numa determinada sequência e/ou em conjuntos diferentes e, consequentemente, tem dois significados comuns, mas distintos:

1. Ordenação: disposição de objectos do mesmo tipo, classe, natureza, etc., numa sequência ordenada,
2. Categorizar: agrupar e rotular itens com propriedades semelhantes (por classificação).

Uma ordem padrão é frequentemente designada por ascendente (correspondendo ao facto de a ordem padrão dos números ser ascendente, ou seja, de A a Z, de 0 a 9), sendo a ordem inversa descendente (de Z a A, de 9 a 0). Para datas/horas, ascendente significa que os valores anteriores precedem os posteriores, por exemplo, 1/1/2000 será ordenado antes de 1/1/2001. Simplesmente, a ordenação é um método para organizar os dados por ordem ascendente ou descendente. Na nossa vida, a importância da ordenação não é negligenciável. Em todos os domínios da vida, a ordenação é utilizada.

Em informática, a ordenação é um dos temas mais investigados devido à necessidade de acelerar a operação de milhares ou milhões de registos durante uma operação de pesquisa.

O principal objetivo da ordenação da informação é otimizar a sua utilidade para tarefas específicas. Em geral, há duas formas de agrupar a informação: **por categoria**, **por** exemplo, um catálogo de compras em que os artigos são compilados em rubricas como "casa", "desporto e lazer", "roupa de senhora", etc. (escala nominal) e **pela intensidade** de alguma propriedade, como o preço, por exemplo, do mais barato ao mais caro (escala ordinal).

Em informática, um **algoritmo de ordenação** [61] é um algoritmo que coloca os elementos de uma lista numa determinada ordem. Uma ordenação eficiente é importante para otimizar a utilização de outros algoritmos (como os algoritmos de pesquisa e de fusão). Mais formalmente, a saída deve satisfazer duas condições:

1. A saída está em ordem não decrescente (cada elemento não é menor do que o elemento anterior, de acordo com a ordem total desejada);
2. A saída é uma permutação, ou reordenação, da entrada.

Desde os primórdios da computação, o problema da ordenação tem atraído muita investigação, talvez devido à complexidade da sua resolução eficiente, apesar do seu enunciado simples e familiar. Por exemplo, o bubble sort foi analisado já em 1956. Embora muitos o considerem um problema resolvido, continuam a ser inventados novos algoritmos de ordenação úteis (por exemplo, o library sort foi publicado pela primeira vez em 2004). Os algoritmos de ordenação são muito utilizados nas aulas introdutórias de informática, onde a abundância de algoritmos para este problema proporciona uma introdução suave a uma variedade de conceitos fundamentais de algoritmos, como a notação O grande, algoritmos de divisão e conquista, estruturas de dados, análise do melhor, pior e médio caso, compromissos tempo-espaço e limites inferiores [8].

Do ponto de vista da distribuição da ordenação, é interessante identificar os limites inferiores e superiores dos algoritmos de ordenação, de modo a perspetivar o alcance de uma variável aleatória associada a um determinado algoritmo de ordenação.

Na análise de algoritmos, há que ter em conta a distinção entre a análise de um algoritmo específico para um problema e a complexidade do problema em si, que é uma afirmação sobre o melhor algoritmo em toda a classe de algoritmos possíveis para esse problema. Por exemplo, suponhamos que alguns $\theta(n^2)$ algoritmos de ordenação por comparação, a complexidade da ordenação por comparação é θ(η log n), o que será demonstrado pela existência de um limite inferior universal Ω(η log n) pela existência de algoritmos de ordenação por comparação com limite superior O(n log n).

Pesquisar é apenas tentar encontrar a informação de que se necessita.

Em informática, um **algoritmo de pesquisa** é um algoritmo para encontrar um item com propriedades especificadas entre uma coleção de itens. Os itens podem ser armazenados individualmente como registos numa base de dados.

Em informática, **a pesquisa linear** ou **pesquisa sequencial** [62], [64] é "Começar no início e continuar até encontrar a chave certa: depois parar". Portanto, é um método para encontrar um determinado valor numa lista que

consiste em verificar cada um dos seus elementos, um de cada vez e em sequência, até encontrar o elemento pretendido [1].

A pesquisa linear é normalmente muito simples de implementar e é prática quando a lista tem apenas alguns elementos, ou quando se efectua uma única pesquisa numa lista não ordenada. A pesquisa linear é o algoritmo de pesquisa mais simples. A sua complexidade no pior dos casos é proporcional ao número de elementos da lista; o mesmo acontece com a sua complexidade média, se todos os elementos da lista tiverem a mesma probabilidade de serem procurados. Por conseguinte, se a lista tiver mais do que alguns elementos, outros métodos (como a pesquisa binária) serão mais rápidos, mas também impõem requisitos adicionais.

Quando muitos valores têm de ser pesquisados na mesma lista, compensa muitas vezes pré-processar esta última para utilizar um método mais rápido. Por exemplo, pode-se ordenar a lista e utilizar a pesquisa binária, ou construir qualquer estrutura de dados de pesquisa eficiente a partir dela.

Em ciências informáticas, uma **árvore de pesquisa binária (BST)** [63], [64], [68], que por vezes também pode ser designada por **árvore binária ordenada** ou **ordenada**, é uma estrutura de dados em árvore binária baseada em nós que tem as seguintes propriedades

- A sub-árvore esquerda de um nó contém apenas nós com chaves inferiores à chave do nó.
- A sub-árvore direita de um nó contém apenas nós com chaves superiores à chave do nó.
- As sub-árvores esquerda e direita também devem ser árvores de pesquisa binárias.

Em geral, a informação representada por cada nó é um registo e não um único elemento de dados. No entanto, para efeitos de sequenciação, os nós são comparados de acordo com as suas chaves e não com qualquer parte dos seus registos associados.

A principal vantagem das árvores de pesquisa binárias em relação a outras estruturas de dados é o facto de os algoritmos de ordenação e os algoritmos de pesquisa relacionados, como a passagem por ordem [31], poderem ser muito eficientes [67].

As operações numa árvore de pesquisa binária requerem comparações entre nós. Estas comparações são efectuadas através de chamadas a um comparador, que é uma sub-rotina que calcula a ordem total (ordem linear) de dois valores quaisquer. Este comparador pode ser definido de forma explícita ou implícita, dependendo da linguagem em que a BST é implementada.

A pesquisa de um valor específico numa árvore de pesquisa binária pode ser um processo recursivo ou iterativo. Esta explicação abrange um método recursivo.

Começa-se por examinar o nó raiz. Se a árvore for nula, o valor que estamos a procurar não existe na árvore. Caso contrário, se o valor for igual à raiz, a pesquisa é bem sucedida. Se o valor for menor do que a raiz, a pesquisa é efectuada na sub-árvore esquerda. Da mesma forma, se o valor for maior que a raiz, procurar na sub-árvore da direita. Este processo é repetido até o valor ser encontrado ou a sub-árvore indicada ser nula. Se o valor procurado não for encontrado antes de se chegar a uma sub-árvore nula, então o item não deve estar presente na árvore.

1.1.2 Ordenação por inserção

Na sua forma normal, **a ordenação por inserção** [14], [3] é um algoritmo muito simples que pertence à classe dos algoritmos de ordenação ingénuos. Embora a ordenação por inserção não seja muito eficiente, é um método de eleição para ficheiros de pequena e média dimensão devido à sua simplicidade e capacidade de tratamento de dados.

O algoritmo codificado transparente e direto é por vezes preferido pelos profissionais quando a situação exige a produção rápida de um programa de computador funcional, fácil de manter e fácil de partilhar, quando a eficiência não é uma preocupação importante. Uma implementação não-padrão da ordenação por inserção, sugerida por Melville e Gries [45], [54], optimiza-a para um algoritmo parcimonioso.

A ordenação por inserção funciona adicionando dados a um conjunto de dados ordenados. Na fase i^{th} , o algoritmo insere o elemento i^{th} , digamos k, num conjunto de dados ordenado que contém elementos A[l,..., i-1]. A pesquisa (com ou sem êxito) de um conjunto de dados ordenados é relativamente fácil e pode ser efectuada por muitos métodos alternativos, como uma pesquisa linear, quer para a frente, a partir do topo, quer para trás, a partir da base do conjunto de dados, A[l,..., i-1]. Uma vez encontrado o local de inserção, é necessário criar espaço para o novo elemento k entre dois elementos, ou seja, $A[j] < k < A[j+1]$, deslocando o bloco de dados A[j+l,...,i-1] para baixo para ocupar as posições j+2, j+3, ..., i e, em seguida, inserir k na sua posição correta j+1 e o conjunto de dados A[l,..., i] está agora ordenado. Os passos do algoritmo de ordenação por inserção são discutidos no capítulo 2 (secção 2.2B)

O algoritmo de inserção tem um tempo de execução $O(n^2)$tanto no pior caso como no caso médio. Assim, para n grande, este algoritmo não se compara favoravelmente com o algoritmo $O(n \log_2 n)$ como o quick sort, que será discutido na próxima secção. O valor de n a partir do qual este algoritmo mais complexo $0(n \log_2 n)$ se torna melhor do que o algoritmo simples $O(n^2)$depende de uma variedade de factores, como a qualidade do código objeto gerado pelo compilador, a máquina em que os programas são executados e a dimensão dos registos que temos de trocar.

1.1.3 Seleção rápida

O algoritmo Quick sort [9], [3] é um dos algoritmos de ordenação interna mais eficientes, desenvolvido por Hoare [46]. O algoritmo é fácil de implementar, funciona muito bem para diferentes tipos de dados de entrada e é conhecido por utilizar menos recursos do que qualquer outro algoritmo de ordenação [47]. Todos estes factores tornaram-no muito popular. O quick sort é um algoritmo de dividir e conquistar. Sedgewick estudou o quick sort na sua tese de doutoramento [53] e é amplamente descrito e estudado em [12], [48], [49], [50], [51], [52] e [56].

A essência do quick sort é ordenar uma matriz A[1], ..., A[n] escolhendo um valor-chave v na matriz como um elemento pivô em torno do qual reorganizar os elementos da matriz. Geralmente, o pivot está próximo do valor mediano da chave no conjunto, de modo a que seja precedido por cerca de metade das chaves e seguido por cerca de metade. Todos os elementos menores que v aparecem em A[1], ..., A[j], e todos aqueles com v ou maior aparecem em A[j+1], ..., A[n], onde j é o número de elementos menores que v. Em seguida, a ordenação rápida é aplicada recursivamente a A[1], ..., A[j] e a A[j+1], ..., A[n] para ordenar esses dois grupos de elementos. Uma vez que todos os elementos do primeiro grupo precedem todos os elementos do segundo grupo, toda a matriz será ordenada.

Após o desenvolvimento da ordenação rápida por Hoare [46], o algoritmo de ordenação rápida sofreu uma série de modificações com o objetivo de melhorar o comportamento do pior caso $O(n^2)$. Os melhoramentos podem ser divididos em quatro categorias: melhoramentos na escolha do pivot, algoritmos que utilizam outro algoritmo de ordenação para ordenar sub-listas de determinadas dimensões mais pequenas, diferentes formas de particionar listas e sub-listas e ordenação adaptativa que tenta melhorar o comportamento $O(n^2)$ do algoritmo de ordenação rápida quando utilizado para ordenar listas ordenadas ou quase ordenadas [9], [49], [56], [57], [58], [59], [60].

1.1.4 A multiplicação de matrizes de Amir Schoor

Sabe-se que, para matrizes quadradas de ordem n, a complexidade média do algoritmo de Amir Schoor é $O(d_i\, d\, n_2^3)$ onde d_i e d_2 são as densidades (fração de elementos não nulos) das matrizes pré-fator e pós-fator, respetivamente. Para uma prova formal, pode ser consultado [28]. Se o produto destas densidades for mantido em 1/n, temos automaticamente uma complexidade $O(n^2)$ trivial. Por exemplo, podemos manter a matriz pré-fator uma matriz esparsa com densidade 1/n e a matriz pós-fator totalmente densa com densidade unitária. O nosso objetivo é obter uma complexidade semelhante em condições de entrada mais robustas. Por isso, no artigo [72], mantemos a matriz pré-fator aproximadamente tão densa como a triangular [29], exceto que os zeros são atribuídos aleatoriamente e a matriz pós-fator é totalmente densa [28], [55].

1.2 O papel da complexidade computacional na ciência moderna

A complexidade computacional é um tema que se situa na interface entre a matemática e a ciência da computação teórica, com um perfil matemático claro e um formato estritamente matemático. A complexidade computacional é muitas vezes considerada, mesmo pelos cientistas da computação (incluindo a maioria, que não são cientistas da computação teóricos e cujas preocupações são tipicamente bastante práticas), como uma subdisciplina matematicamente proibitiva, isolada e até mesmo irrelevante. Alguns autores, como Downey e Fellows [19], consideram, no entanto, que o tema da complexidade computacional tem um papel profundo e mesmo central na ciência moderna. Segundo estes autores, "a razão para isto é que as teorias da complexidade computacional enquadram e concentram os esforços dos criadores de algoritmos em determinadas direcções (por exemplo, a procura de algoritmos de tempo polinomial) e desencorajam frequentemente o investimento de esforços tanto em problemas que são identificados como "inerentemente intratáveis" como em problemas que são formalmente considerados como sendo assimptoticamente bem resolvidos e, por conseguinte, desinteressantes. Os esforços envidados para resolver os problemas "intrinsecamente intratáveis" podem, na sua maioria, ser classificados como tentativas de estabelecer que são comprovadamente difíceis. Assim, os algoritmos eficientes são muito mais importantes do que um bom hardware no grande esquema das coisas.

O quadro da complexidade computacional concentra os esforços em objectivos específicos e incentiva o desenvolvimento de um conjunto de ferramentas correspondente de ideias algorítmicas. Estas são utilizadas não só na prossecução dos objectivos declarados, mas também na conceção de algoritmos heurísticos e de aproximação para problemas que são difíceis, mas para os quais, no entanto, é necessário fazer alguma coisa

Diz-se que um problema computacional é resolúvel em tempo polinomial se existir um algoritmo que, dada qualquer entrada x de tamanho n, produz a saída exigida pela especificação do problema em tempo $O(n^a)$, ou seja, em tempo limitado por Cn^a para algumas constantes *a* e C, sempre que n é suficientemente grande, $n>=n_0$."

A Tabela 1.1 ilustra a enorme diferença qualitativa entre os tempos de execução polinomial e exponencial.

Tabela 1.1: Tempo de execução de vários algoritmos numa instância de tamanho n=50 com 10^8 operações por segundo

Polinomial		Exponencial	
Complexidade	**Duração**	**Complexidade**	**Duração**
n^2	25 seg.	1.5^n	6min
n^3	1min	2^n	130 dias
n^5	3 segundos	3^n	$230(10^6)$ano

No que diz respeito ao algoritmo exato de parâmetros fixos [37], as vantagens são

- Garantia de optimalidade da solução e

- Limites superiores prováveis para a complexidade computacional.

A desvantagem é que temos de ter em conta

- Factores de tempo de execução exponencial.

A complexidade parametrizada [19], [37], [38] é um ramo da teoria da complexidade computacional na ciência da computação que se centra na classificação dos problemas computacionais de acordo com a sua dificuldade inerente em relação a múltiplos parâmetros de entrada. A complexidade de um problema é então medida como uma função desses parâmetros. Isto permite classificar problemas NP-difíceis numa escala mais fina do que no cenário clássico, em que a complexidade de um problema é medida apenas pelo número de bits na entrada. Assim, a complexidade parametrizada é uma abordagem nova e promissora à questão central de como lidar com problemas que são NP-difíceis ou piores, como é frequentemente o caso no mundo natural da computação. A ideia principal é isolar algum(ns) aspeto(s) ou parte(s) do input como parâmetro [35]. O primeiro trabalho sistemático sobre complexidade parametrizada foi efectuado por Downey e Fellows [19].

1.3 Como surgem os parâmetros na prática

No livro "**Parameterized Complexity**" [19], os autores explicam como os parâmetros surgem na prática. "Na complexidade parametrizada, o foco não está em saber se um problema é difícil - a teoria parte do pressuposto de que a maioria dos problemas interessantes são intratáveis quando considerados classicamente - o foco está na questão: O que é que torna o problema computacionalmente difícil?

Na complexidade clássica, um problema de decisão é especificado por dois elementos de informação:

(1) A entrada para o problema,

(2) A questão a ser respondida.

Na complexidade parametrizada, há três partes da especificação de um problema:

(1) A entrada para o problema,

(2) Os aspectos da entrada que constituem o parâmetro,

(3) A questão.

É importante notar que um parâmetro pode ser um agregado de informação. Do ponto de vista de um profissional, a parametrização enriquece fundamentalmente a "linguagem" através da qual a prática envolve a teoria na especificação de problemas computacionais. O parâmetro fornece uma forma sistemática de especificar as restrições distributivas, na esperança de um acordo bem sucedido com o diabo."

Agora a pergunta: o que é NP-difícil? **NP-hard** (non-deterministic polynomial-time hard), na teoria da complexidade computacional, é uma classe de problemas que são, informalmente, "pelo menos tão difíceis como os problemas mais difíceis em NP".

1.4 Alguns conceitos em Design Experimental

Esta secção introduz alguns conceitos básicos de conceção fatorial, conceção óptima e experiências em computador [40], [41].

1.4.1 Fator

Um fator é uma variável controlável que tem interesse para a experiência. Um fator pode ser quantitativo ou qualitativo. Um fator quantitativo é aquele cujos valores podem ser medidos numa escala numérica e que se situam num intervalo, por exemplo, temperatura, pressão, proporção de dois materiais, tempo de reação, comprimento, etc. Um fator qualitativo é aquele cujos valores são categorizados, tais como equipamentos diferentes do mesmo tipo, operadores diferentes, vários tipos de um material, etc. O fator qualitativo é também designado por fator categórico ou fator indicador. Nas experiências informáticas, os factores são geralmente designados por variáveis de entrada. As variáveis que não são estudadas na experiência não são consideradas como factores e são definidas com valores fixos. Os valores que não podem ser controlados de todo são tratados como erro aleatório. No estudo de conceção robusta, alguns factores incontroláveis durante as operações normais são controlados propositadamente e incluídos durante a experiência, de modo a que o produto possa ser concebido para ter um bom desempenho em ambientes de funcionamento variáveis. Estes factores são conhecidos como factores de ruído.

1.4.2 Domínio experimental, nível e combinação de níveis

O domínio experimental é o espaço onde os factores (variáveis de entrada) assumem valores. Nas experiências informáticas, o domínio experimental é também designado por espaço das variáveis de entrada. Um fator pode ser escolhido para ter alguns valores específicos no domínio experimental, nos quais o fator é testado. Estes valores selecionados são designados por níveis do fator. Os níveis são utilizados no modelo ANOVA quando o experimentador pretende testar se a resposta y tem uma diferença significativa entre os níveis. Uma combinação de níveis é uma das combinações possíveis de níveis dos factores. Uma combinação de níveis é também designada por combinação de tratamentos. Uma combinação de níveis pode ser considerada um ponto no espaço das variáveis de entrada e designada por ponto experimental. Nas experiências informáticas, o conceito de nível perde o seu significado estatístico original

definido nos planos factoriais, mas mantemos este conceito para facilitar a construção do desenho.

1.4.3 Experiência fatorial

O termo "**fatorial**" pode não ter sido utilizado na imprensa antes de 1935, quando o Prof. R. A. Fisher o utilizou no seu livro The Design of Experiments [22]. Uma experiência fatorial permite determinar o efeito de vários factores e mesmo as interações entre eles com o mesmo número de ensaios necessários para determinar qualquer um dos efeitos por si só com o mesmo grau de precisão. Ver também [21].

Frank Yates deu contributos significativos, nomeadamente na análise de projectos, através da Análise de Yates [23], [24].

Uma experiência fatorial [36] é uma experiência comparativa que envolve dois ou mais factores, cada um com valores possíveis discretos ou "níveis", em que as unidades experimentais assumem todas as combinações possíveis desses níveis em todos esses factores. Esta experiência permite estudar o efeito "principal" de cada fator na resposta, bem como os seus efeitos de interação. Através de uma experiência fatorial, podemos analisar a complexidade parametrizada.

1.4.4 Conceção fatorial

Um desenho fatorial é um conjunto de combinações de níveis com o objetivo principal de estimar os efeitos principais e algumas interações dos factores. Um desenho fatorial é designado por simétrico se todos os factores tiverem o mesmo número de níveis; caso contrário, é designado por assimétrico.

1.4.5 Conceção fatorial completa

Um desenho em que todas as combinações de níveis dos factores aparecem com a mesma frequência é designado por desenho fatorial completo ou desenho completo. Claramente, o número de execuções num desenho fatorial completo deve ser $n = k\prod_{j=1}^{s} q_j$, onde q_j é o número de níveis do fator j e κ é o número de replicações para todas as combinações de níveis. Quando todos os factores têm o mesmo número de níveis, q, $n = kq^s$. O número de execuções de uma conceção fatorial completa aumenta exponencialmente com o número de factores. Por conseguinte, consideramos a implementação de um subconjunto de todas as combinações de níveis que tenham uma boa representação da combinação completa.

1.4.6 Conceção fatorial fraccionada

Uma fração de um desenho fatorial completo (FFD) é um subconjunto de todas as combinações de níveis dos factores [44]. Um FFD pode ser expresso como uma matriz n x s, em que n é o número de ensaios e s o número de factores, e a coluna j^{th} da matriz tem q_j níveis. Por exemplo, o desenho abaixo pode ser expresso como

$$D = \begin{bmatrix} 80 & 90 & 5 & a \\ 80 & 120 & 7 & b \\ 80 & 150 & 9 & c \\ 90 & 90 & 7 & c \\ 90 & 120 & 9 & a \\ 90 & 150 & 5 & b \\ 100 & 90 & 9 & b \\ 100 & 120 & 5 & c \\ 100 & 150 & 7 & a \end{bmatrix}$$

em que há quatro factores, cada um com três níveis. No total, há $81 = 3^4$ combinações de níveis possíveis, mas o projeto D escolhe apenas nove delas. Como escolher um bom subconjunto é a questão mais importante no FFD.

1.4.7 Modelos ANOVA

Um plano fatorial baseia-se num modelo estatístico. Para experiências de um fator com níveis xi,- - -,x_q , o modelo pode ser expresso da seguinte forma

$$y_{ij} = \mu + \alpha_j + \varepsilon_{ij} = \mu_j + \varepsilon_{ij}, \qquad j = 1,\cdots,q, \qquad i = 1,\cdots,n_j \qquad (1)$$

em que μ é a média global de y. μ_j é o valor real da resposta y em x_j e ε_{ij} é o erro aleatório na i^{th} replicação do j^{th} nível x_j. Assume-se que todos os ε_{ij} 's são distribuídos de forma independente e idêntica, de acordo com $N(0,\sigma^2)$. Em seguida, a média μ_j pode ser decomposta em $\mu_j = \mu + \alpha_j$, em que α_j é designado por *efeito principal de* y em x_j e satisfazem $\alpha_1 + \cdots + \alpha_q = 0$. O número de execuções neste

a experiência é $n = n_1 + \cdots + n_q$. O modelo (1) é designado por ANOVA modelo.

Um modelo ANOVA para uma experiência de dois factores, fator *A* e fator *B*, pode ser expresso como

$$y_{ijk} = \mu + \alpha_i + \beta_j + (\alpha\beta)_{ij} + \varepsilon_{ijk},$$

$$i = 1,\cdots,p; \quad j = 1,\cdots,q; \quad k = 1,\cdots,K \qquad (2)$$

onde

μ = média global,

α_i = efeito principal do fator *A* ao nível α_i,
β_j = efeito principal do fator *B* ao nível β_j,

ε_{ijk}= erro aleatório no ensaio k^{th} na combinação de níveis $\alpha\beta$,

$(\alpha\beta)_{ij}$= interação entre A e B no nível de combinação $\alpha\beta$ com as restrições

$$\sum_{i=1}^{p}\alpha_i=0;\quad \sum_{j=1}^{q}\beta_i=0;\quad \sum_{i=1}^{p}(\alpha\beta)_{ij}=\sum_{j=1}^{q}(\alpha\beta)_{ij}=0.$$

Existem p -1 parâmetros independentes $\alpha_i s, q-1\ \beta_j s$, e

$(p$ -1$)(q$ -1) $(\alpha\beta)_{ij}s$. O número total destes parâmetros é pq -1. Para uma experiência fatorial de s factores com q_1 x --- x q_s níveis, podemos considerar interações entre três factores, quatro factores, etc. e o número total de efeitos principais e interações torna-se < $(\prod_{j=1}^{s}q_j-1)$, que aumenta exponencialmente à medida que s aumenta.

Nesta tese, tentámos dar um passo em frente na complexidade parametrizada.

No **capítulo 2**, é desenvolvido um novo algoritmo de ordenação, o shift insertion sort. Trata-se de uma ordenação por inserção com deslocação. Aqui, todos os dados são comparados com o primeiro e, se esse dado for menor do que o primeiro, os dados são armazenados numa variável temporária e todos os dados, desde o primeiro até à posição dos dados, são deslocados. O elemento na variável temporária é atribuído à primeira posição. Este capítulo apresenta também uma comparação entre a nova ordenação por inserção com deslocamento e a ordenação por inserção convencional utilizando entradas de distribuição uniforme contínua, U(0,l). Observa-se que a versão de deslocamento é mais rápida do que a ordenação por inserção convencional.

No **capítulo 3**, recorre-se a experiências factoriais para avaliar a complexidade do software. Neste caso, as entradas de distribuição binomial negativa são utilizadas num novo algoritmo de ordenação, a que chamamos ordenação por inserção de turno, abordado no capítulo 2. Também é feita uma comparação entre o novo algoritmo de ordenação por inserção de turnos e o algoritmo de ordenação por inserção convencional, utilizando entradas de distribuição binomial negativa (distribuição não uniforme) através de experiências factoriais, seguida de um resumo da complexidade parametrizada dos dois algoritmos mencionados.

Também neste capítulo, examinamos o comportamento do shift insertion sort para distribuições contínuas não uniformes, isto é, para distribuições normais, e continuamos o nosso trabalho anterior sobre este novo algoritmo para distribuições discretas não uniformes, nomeadamente binomiais negativas. Também mostra uma comparação entre a nova ordenação por inserção de deslocamento e a ordenação por inserção utilizando entradas de distribuição normal através de experiências factoriais, seguida do resumo da complexidade parametrizada das duas ordenações mencionadas.

Sundararajan e Chakraborty [15] introduziram uma nova versão do quick sort que elimina as trocas. Khreisat [9] verificou que este algoritmo está a competir bem com algumas outras versões do quick sort. No entanto, utiliza uma matriz auxiliar, o que aumenta a complexidade espacial.

No **capítulo 4**, apresentamos uma segunda versão da nossa nova ordenação em que eliminámos a matriz auxiliar. Esta segunda versão melhorada do algoritmo, a que chamamos ordenação K, permite ordenar elementos mais rapidamente do que a ordenação heap para um tamanho de matriz consideravelmente grande (n < 70,00,000) para entradas de distribuição uniforme contínua, U[0, 1].

O Capítulo 5 examina o comportamento de uma nova versão do quick sort, o K- sort, quando os elementos de ordenação seguem uma distribuição não uniforme como a distribuição binomial. Aqui, também é mostrado o comportamento do K-sort na complexidade parametrizada usando experiências factoriais.

Ainda neste capítulo, observa-se, através de experiências computacionais, o comportamento do K-sort, quando os elementos de ordenação seguem uma distribuição binomial negativa (distribuição não uniforme). Também é mostrado o comportamento do K-sort, quando os elementos de ordenação seguem uma distribuição binomial negativa, em complexidade parametrizada usando experiências factoriais. O K-sort é discutido no capítulo 4

No **capítulo 6**, é efectuado um estudo comparativo entre as entradas de distribuição Bernoulli e as entradas de distribuição geométrica no algoritmo de multiplicação de matrizes de Amir Schoor [71]. O algoritmo de Amir Schoor: Sejam A, B e C as matrizes pré-fator, pós-fator e produto, respetivamente. O algoritmo de Amir Schoor diz que, para cada a(i, k) diferente de zero, multiplica-se a linha k^{th} de B por a(i, k) e adiciona-se à linha i^{th} de C [28].

O Capítulo 7 analisa os nossos resultados recentes sobre a utilização de experiências factoriais na complexidade parametrizada e apresentamos um novo estudo que compara a pesquisa linear e a pesquisa binária [73].

A conclusão e o âmbito do trabalho futuro são incluídos no final, no **capítulo 8**.

Capítulo 2: Ordenação por inserção de turnos: uma nova versão mais rápida da ordenação por inserção*

*M. Pal, S. Chakraborty e N. C. Mahanti, Shift-insertion sort revisitado: outro estudo de caso estatístico sobre complexidade parametrizada utilizando experiências factoriais, International Journal of Computational Cognition, Vol. 9(2), junho de 2011, 13-16

Neste capítulo, desenvolve-se o shift insertion sort, uma nova versão do insertion sort. Este método de ordenação é mais rápido do que a ordenação por inserção convencional utilizando uma distribuição uniforme contínua de entradas U(O,l).

2.1 Introdução

Existem vários métodos de ordenação interna em que todos os elementos de ordenação podem ser mantidos na memória principal. Os algoritmos mais simples demoram normalmente $O(n^2)$ tempo a ordenar n objectos e só são úteis para ordenar listas curtas. Um dos algoritmos de ordenação mais populares para ordenar listas longas é o quick sort, que demora $O(n\log_2 n)$ em média e $O(n^2)$ no pior dos casos. O Insertion sort, embora adequado para ordenar listas curtas de elementos (n< 3OOO), é mais fácil de programar do que o quick sort e é mais rápido do que o bubble sort e o selection sort, dois outros algoritmos de ordenação mais simples. Neste caso, estamos a fornecer uma versão modificada da ordenação por inserção que envolve deslocação. Chamamos-lhe shift insertion sort para o distinguir do insertion sort convencional. Usando entradas de distribuição uniforme contínua U(0,l) [71], mostramos que a versão de deslocamento é mais rápida. Para uma literatura abrangente sobre ordenação, pode sugerir-se a consulta de [1].

2.2 Algoritmos

Os passos do algoritmo da nova versão da ordenação por inserção, que é a ordenação por inserção por deslocamento e a ordenação por inserção convencional [3], são aqui explicados. Também são apresentadas as etapas de extração de dados de uma distribuição uniforme contínua.

A) Ordenação por inserção com deslocação (ordenação por inserção com deslocação)

A inserção por deslocação é a nova versão da ordenação por inserção com deslocação. Posteriormente, é explicado através de um exemplo o funcionamento deste tipo de ordenação. As etapas da ordenação por inserção com deslocamento são as seguintes

Passo-1: Repetir os passos 2 a 7 para 1 <=j< n.

Passo 2: Repetir os passos 3 a 7 para 0<=i< j

Passo-3: Comparar A[i] e A[j]. Se A[i]>A[j], repetir os passos 4 a 7,
Passo-4: Settemp:=A[j].

Passo-5: Repetir o passo 6 paraj>=k> i.

Passo-6: DefinirA[k]:=A[k-l].

Passo-7: SetA[i]:=temp.

B) **Tipo de inserção convencional**

As etapas da ordenação por inserção convencional são apresentadas de seguida. O algoritmo para a ordenação por inserção convencional é baseado em[3].

Passo-l: DefinirA[0],chave:=- ∞.
Passo 2: Repetir os passos 3 a 8 para l<=i< n.

Passo-3: Definirj: = i.

Passo-4: Comparar A[j] e A[j-l]. Enquanto A[j] < A[j-l], repetir

passos 5 a 8

Passo-5: Definir temp: = A[j].

Passo-6: DefinirA[j]: =A[j-l].

Passo-7: DefinirA[j-l]: =temp.

Passo-8: Definirj: =j-l.

C) Distribuição uniforme contínua

No caso contínuo, as entradas da distribuição uniforme contínua U(0,l) geram números reais. Por conseguinte, o programa requer algumas alterações nos tipos de dados que estão a ser utilizados. Os passos para extrair dados da distribuição uniforme contínua são os seguintes

Passo-l: Definir uma matriz com tamanho n, ou seja, a[n]

Passo 2: Repetir o passo 3 para0<=i<n

Passo-3: Definir a[i]:= rand () /RAND_MAX

Vamos perceber como é que a ordenação por inserção de turnos difere da ordenação por inserção convencional através de um exemplo que mostra que a versão por inserção de turnos requer menos passos para a ordenação.

Tomamos um conjunto de dados 7 4 2 3 8. A ordenação por inserção de turnos é efectuada da seguinte forma.

l. Em primeiro lugar, retiramos o elemento 2nd dos dados, ou seja, 4, e comparamo-lo com o elemento 1st, ou seja, 7. Verificamos que o elemento 2nd é inferior ao elemento 1st. O passo seguinte é armazenar o elemento 2nd numa variável temporária e o elemento 1st é deslocado para a posição 2nd. Agora o elemento na variável temporária é atribuído à posição 1st. O conjunto de dados passa agora a ser 4 7 2 3 8.

2. Agora, seleccionamos o elemento 3rd do conjunto de dados, ou seja, 2, e comparamo-lo com o elemento 1st, ou seja, 4. Neste caso, o elemento 3rd é inferior ao elemento 1st. Assim, o elemento 3rd é armazenado de forma semelhante na variável temporária. O elemento 2nd é deslocado para a posição 3rd e o elemento 1st é deslocado para a posição 2nd. Agora, o elemento da variável temporária é colocado na posição 1st. O novo conjunto de dados é 2 47 3 8.

3. Em seguida, retiramos o elemento 4th do conjunto de dados, ou seja, 3, e comparamo-lo com o elemento 1st, ou seja, 2. Como o elemento 4th é maior do que o elemento 1st, é comparado com o elemento seguinte, ou seja, o elemento 2nd, ou seja, 4, e verifica-se que o elemento 4th é menor. Assim, o elemento 4th é definido na variável temporária. O elemento 3rd é deslocado para a posição 4th; o elemento 2nd é deslocado para a posição 3rd. Agora, o elemento na variável temporária é colocado na posição 2nd. O conjunto de dados é agora 2 3 4 7 8 e a ordenação está concluída. No entanto, para confirmação, o passo 4 deve ser efectuado.

4. Retirar o elemento 5th do conjunto de dados, ou seja, 8, e comparar com o elemento 1st, ou seja, 2. Neste caso, o elemento 5th é superior ao elemento 1st, pelo que o elemento 5th deve ser comparado com o elemento 2nd e assim sucessivamente.

Para todas as comparações, o elemento 5th é considerado maior e estamos terminados.

Agora, tomando o mesmo conjunto de dados 7 4 2 3 8, a ordenação por inserção convencional é efectuada da seguinte forma.

1. Primeiro, comparamos o elemento 2nd com o elemento 1st, ou seja, 4 e 7. O elemento 2nd é menor do que o elemento 1st e, por isso, troca-os. Após a troca, o conjunto de dados será 4 7 2 3 8.

2. A etapa 2 é efectuada em duas subetapas:

   Em seguida, comparamos

   - A partir do conjunto de dados, o elemento 3rd e o elemento 2nd são 2 e 7. O elemento 3rd é menor do que o elemento 2nd, por isso troca-os. Após a troca, o conjunto de dados será 4 2 7 3 8.

   - Agora retiramos o elemento 2nd e o elemento 1st, ou seja, 2 e 4. O elemento 2nd é inferior ao elemento 1st, pelo que os trocamos. Após a troca, o conjunto de dados será2 4 7 3 8.

3. A etapa 3 é efectuada em três subetapas:

   Em seguida, comparamos

   - O elemento 4th e o elemento 3rd, ou seja, 3 e 7. O elemento 4th é menor do que o elemento 3rd, por isso troca-os. O conjunto de dados passa a ser 2 4 3 7 8.

   - O elemento 3rd e o elemento 2nd são 3 e 4. O elemento 3rd é menor do que o elemento 2nd, por isso troca-os. O conjunto de dados será o seguinte: 2 3 4 7 8.

   - Agora comparamos o elemento 2nd com o elemento 1st, ou seja, 3 e 2. O elemento

2nd é maior do que o elemento 1st. Assim, o conjunto de dados será o mesmo 2 3 4 7 8.

4. A etapa 4 é efectuada em quatro subetapas:

Nesta etapa, comparamos

- O elemento 5th e o elemento 4th, ou seja, 8 e 7. O elemento 5th é superior ao elemento 4th, pelo que o conjunto de dados não será alterado, ou seja, 2 3 4 7 8.
- Tomamos o elemento 4th e o elemento 3rd, ou seja, 7 e 4. O elemento 4th é maior do que o elemento 3rd. Assim, o conjunto de dados não será alterado, ou seja, 2 3 4 7 8.
- Agora comparamos o elemento 3rd com o elemento 2nd, ou seja, 4 e 3. O elemento 3rd é maior do que o elemento 2nd. Assim, o conjunto de dados passa a ser 2 3 4 7 8.
- Agora comparamos o elemento 2nd com o elemento 1st, ou seja, 3 e 2. O elemento 2nd é maior do que o elemento 1st, pelo que o conjunto de dados permanece o mesmo, ou seja, 2 3 4 7 8 e já está.

2.3 Resultados empíricos e discussão

Através de experiências informáticas [2], foi possível comparar o tempo médio de ordenação em segundos (média de 30 leituras) para diferentes valores de n da ordenação por inserção de turnos com a ordenação por inserção convencional. A matriz de tamanho n foi preenchida com variantes uniformes contínuas independentes U[0, 1] e os elementos são copiados para outra matriz. Uma matriz é ordenada por inserção e a outra por deslocamento de inserção.

Tabela 2.1: Comparação do tempo médio de ordenação entre a ordenação por inserção deslocada e a ordenação por inserção convencional

n	ordenação por inserção de turno (em segundos)=A	Ordenação de inserção convencional (em segundos)=B	B/A
2000	0.010989	0.197802	18
3000	0.032967	0.406593	12
4000	0.054945	0.692308	12.6
5000	0.087912	0.989011	11.25
6000	0.131868	1.263736	9.58

Os tempos médios observados a partir de entradas de distribuição uniforme contínua, U(0,l), para a versão shift e a ordenação por inserção são apresentados na Tabela 2.1. A Fig. 2.1 e a Fig. 2.2 sugerem um ajuste polinomial de segundo grau como adequado para a distribuição uniforme de entrada, U(0,1), para ambos os algoritmos. Observamos na Tabela 2.1 que o tempo de execução do shiftinsertion sort é consideravelmente inferior ao do insertion sort convencional.

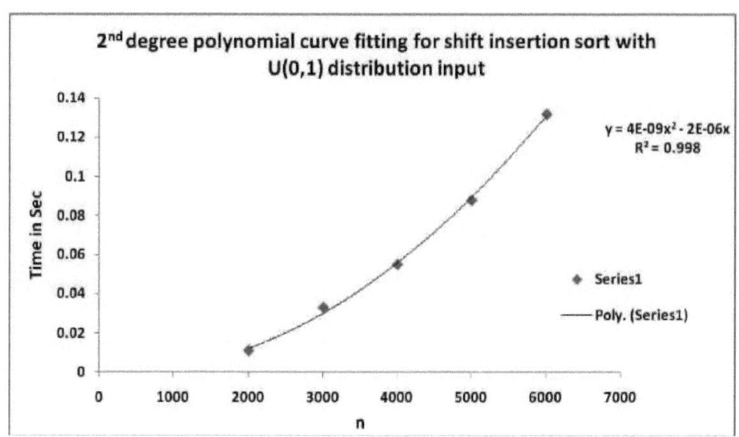

Fig. 2.1: Ajuste de curvas para o tipo de inserção de deslocação com entradas de distribuição u(0,l)

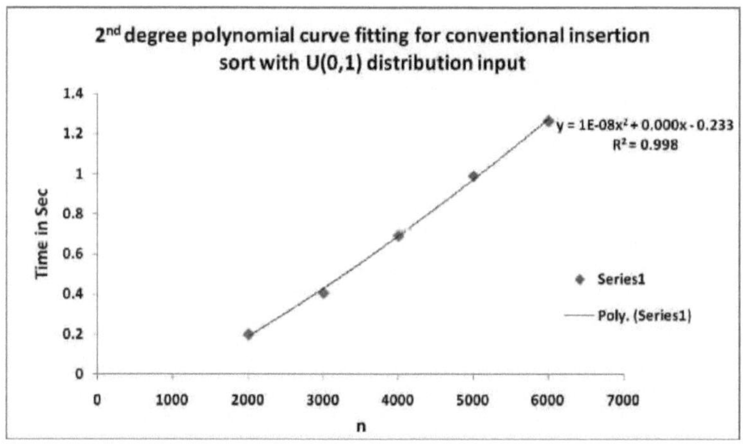

Fig. 2.2: Ajuste de curvas para o tipo de inserção convencional com entrada de distribuição u(0,1)

Aqui, vemos que a curva polinomial de 2nd graus é ajustada para a ordenação por inserção de turnos e também para a ordenação por inserção convencional.

2.4 Resumo do capítulo

A ordenação por inserção com deslocamento é evidentemente mais rápida do que a ordenação por inserção convencional para entradas de distribuição uniforme contínua. A discussão através de um exemplo mostra claramente que a ordenação por inserção de turnos requer menos passos do que a ordenação por inserção convencional. O trabalho futuro envolve um estudo sobre a complexidade parametrizada desta versão melhorada, como o que foi feito em [4].

Capítulo 3: Comportamento da ordenação por inserção de turnos na complexidade parametrizada usando experiências factoriais para entradas não uniformes*

International Journal of Computational Cognition , 9 (2), 13-16, 2011 *Anale. Seria Informatica. 8th fasc.2, 93-98, 2010

No capítulo anterior, mostrou-se que a ordenação por inserção de deslocamento [6] é evidentemente mais rápida do que a ordenação por inserção convencional para entradas de distribuição uniforme contínua. Neste capítulo, descreve-se o comportamento do shift insertion sort, uma nova versão do insertion sort, para entradas não uniformes, como entradas de distribuição binomial negativa e entradas de distribuição normal.

3.1 Introdução

Nas últimas décadas, a complexidade do software tem sido uma nova era no domínio das ciências da computação. Com base em modelos de complexidade de software, apresentámos uma abordagem estatística para avaliar a complexidade de um programa (software), na continuação de um trabalho anterior [4] sobre a ordenação por inserção, alargando-a a uma nova versão da ordenação por inserção, a que chamamos ordenação por inserção por deslocamento. O foco é a complexidade parametrizada, usando experiências factoriais, quando as n observações a serem ordenadas provêm de uma população binomial negativa NB (k, p). Para investigar o efeito individual do número de elementos de ordenação (n), os parâmetros binomiais negativos (k e p que dão o número fixo de sucessos e a probabilidade fixa de sucesso numa tentativa) e também os seus efeitos conjuntos, é realizada uma experiência fatorial de 3 cubos com três níveis de cada um dos factores n, k e p.

O comportamento do algoritmo shift-insertion sort (insertion sort with shifting) para distribuições normais é uma continuação do nosso trabalho anterior sobre este novo algoritmo para distribuições discretas, nomeadamente a binomial negativa [7]. O foco é a complexidade parametrizada, usando experiências factoriais, quando as n observações a serem ordenadas provêm de uma população normal N (m, s). Para investigar o efeito individual do número de elementos de ordenação (n), os parâmetros da distribuição normal (m e s, que dão a média e o desvio padrão) e também os seus efeitos conjuntos, é realizada uma experiência fatorial de 3 cubos com três níveis de cada um dos factores n, m e s. Aqui, m e s significam "mu" e "sigma", os dois parâmetros populacionais que representam a média e o desvio padrão da distribuição normal, respetivamente. Por razões de brevidade na digitação, evitámos os símbolos μ (mu) e σ (sigma) que utilizamos geralmente.

Referindo-nos a [1] para uma literatura abrangente sobre algoritmos de ordenação e a [3] para a ordenação por inserção, começamos por distinguir brevemente a ordenação por inserção e a ordenação por inserção com deslocamento antes de passarmos aos principais resultados experimentais. A ideia da ordenação por inserção baseia-se em considerar cada elemento de uma matriz, um de cada vez, e compará-lo com os elementos anteriores que já estão ordenados. Assim, o algoritmo encontra a posição correta no prefixo e insere o elemento considerado nessa posição para tornar o subarray ordenado. Ou seja, inserimos o elemento A[i] da i^{th} no seu devido lugar na i^{th} passagem entre A[1], A[2], ...,A[i-1], que estavam anteriormente ordenados. Depois de fazer esta inserção, os registos que ocupam A[1],...,,A[i] estão ordenados.

A próxima secção descreve o nosso shift insertion sort, uma versão modificada do insertion sort que envolve deslocação, adequada apenas para ordenar listas curtas, mas é mais rápida do que o bubble sort e o selection sort. É mais simples de programar do que o quick sort. A ordenação por inserção com deslocamento foi introduzida pela primeira vez em [6], onde se verificou que era mais rápida do que a ordenação por inserção convencional para entradas uniformes. No entanto, o shift-insertion pode não ser mais rápido do que todas as versões do insertion sort. No que se segue, a ordenação por inserção referir-se-á à ordenação por inserção convencional.

3.2 Algoritmos

Os passos do algoritmo de ordenação por inserção de turnos e de ordenação por inserção convencional foram explicados no capítulo 2 (secção 2.2A e 2.2B). Neste ponto, são apresentados os passos do algoritmo da distribuição binomial negativa e da distribuição normal.

A) Distribuição binomial negativa

Os passos do algoritmo para extrair dados da distribuição binomial negativa são os seguintes

Passo-1: Atribuir κ e p (parâmetros binomiais negativos), que dão o número fixo de sucessos e a probabilidade fixa de sucesso num único ensaio, em número fixo.

Passo-2: Definir uma matriz com tamanho n, ou seja, a[n]

Passo-3: Repetir os passos 4 a 9 para 0<= i<n

Passo-4: Definir s:= 0 e c:=0

Passo-5: Repetir os passos 6 a 8 enquanto (s < k)

Passo-6: Definir c:=c+l

Passo-7: Definir r:= rand () / RAND_MAX

Passo-8: Comparar r e p. Se (r<p), então definir s:= s+l

Passo-9: Definir a[i]:=c

B) **Distribuição normal padrão (utilizada a transformação Box Muller)**

As etapas do algoritmo para extrair dados da distribuição normal são as seguintes

Passo-l: Definir uma matriz com tamanho n, ou seja, a[n]

Passo 2: Repetir os passos 4 a 6 para0<=i< n/2

Passo-3: Definir ul := rand () / RAND_MAX

Passo-4: Definir u2:= rand () / RAND_MAX

Passo-5: Definir a[i]:= sqrt ((-2) * log (ul)) * cos (8 * atan (l) * u2)

Passo-6: Definir a[n/2+i]:= sqrt ((-2)* log (ul))* sin (8*atan (l) *u2)

3.3 Resultados empíricos e discussão para as entradas da distribuição binomial negativa

A distribuição binomial negativa (NB), uma distribuição discreta não uniforme, é obtida através da realização de ensaios Bernoullianos independentes até se obter o número desejado de sucessos, digamos *k*, sendo p a probabilidade constante de sucessos num ensaio. O número de ensaios necessários é a variante NB com os parâmetros κ e p. Neste caso, n dessas variantes são obtidas por simulação (ver secção 3.2A) e mantidas numa matriz para análise posterior.

A Tabela 3.1 apresenta o tempo médio de execução y (média obtida em 30 leituras) para diferentes valores dos argumentos p para n = 3000 e κ = 1000 fixos (um ensaio Bernoulliano é aquele que resulta num de dois resultados possíveis a que chamamos "sucesso" e "fracasso").

Tabela 3.1: Tempo médio de ordenação para diferentes valores de p para *n* = 3000 e *k* = 1000 fixos para ordenação por inserção de turnos com entradas binomiais negativas

P	Tempo de ordenação em segundos
0.1	0.012363
0.2	0.010989
0.3	0.00824175
0.4	0.0054945
0.5	0.0054945
0.6	0.0054945
0.7	0.00824175
0.8	0.010989
0.9	0.01373625

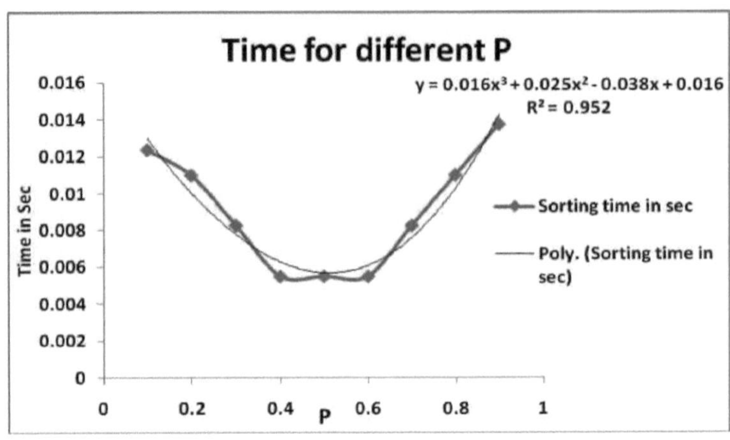

Fig 3.1: Tempo para diferentes valores de p para um valor fixo de n=3000 e k= 1000 para a ordenação por inserção de turnos: ajuste polinomial de terceiro grau

Os tempos médios observados y da entrada da distribuição binomial negativa para a versão de deslocamento são apresentados no Quadro 3.1. A partir da Fig. 3.1, com base no Quadro 3.1, os resultados experimentais sugerem evidentemente um ajuste polinomial de terceiro grau para a entrada da distribuição binomial negativa. Ou seja, y_{avg} (p)= O_{emp} (p^3) para n e k fixos. O subscrito "emp" indica uma estimativa empírica de um limite estatístico baseado no peso (o tempo de uma operação é, de certa forma, o seu peso). Este facto foi demonstrado em [5]. Para aprofundar a questão, foram realizadas experiências factoriais de 3 cubos, com κ em três níveis (1000, 3000, 5000), n em três níveis (5000, 7000, 9000) e p em três níveis (0,2, 0,5, 0,8), utilizando o pacote estatístico MINITAB versão 15. Durante a análise dos dados, os três níveis de n, k e p foram codificados como 0, 1 e 2, respetivamente. Os dados (média de 20 leituras) de n, κ e p são apresentados na Tabela 3.2 (tempos de ordenação por inserção de turno em segundos para n entradas de distribuição binomial negativa (k, p) para vários n (5000, 7000, 9000), k (1000, 3000, 5000) e p (0,2, 0,5, 0,8)) e os resultados são apresentados na Tabela 3.4 para a ordenação por inserção de turno. Do mesmo modo, os dados de n, k e p são apresentados na Tabela 3.3 (o tempo de ordenação por inserção em segundos para n entradas de distribuição binomial negativa (k, p) para vários n (5000, 7000, 9000), k (1000, 3000, 5000) e p (0,2, 0,5, 0,8)) e os resultados são apresentados na Tabela 3.5 para a ordenação por inserção.

Tabela 3.2: Dados de 3 experiências factoriais[3] para a ordenação por inserção de turnos com entradas de distribuição binomial negativa

O tempo, em segundos, da ordenação por inserção de turnos (nova ordenação por inserção) para n entradas de distribuição binomial negativa (k , p) para vários n (5000, 7000, 9000), k (1000, 3000, 5000) e p (0,2, 0,5, 0,8).

P = 0.2

n	k=1000	k=3000	k=5000
5000	0.049	0.049	0.044
7000	0.082	0.088	0.085
9000	0.148	0.156	0.154

P = 0.5

n	k=1000	k=3000	k=5000
5000	0.047	0.049	0.047
7000	0.099	0.085	0.096
9000	0.151	0.148	0.156

P = 0.8

n	k=1000	k=3000	k=5000
5000	0.047	0.041	0.041
7000	0.093	0.093	0.088
9000	0.151	0.151	0.143

Tabela 3.3: Dados de 3 experiências factoriais[3] para a ordenação por inserção com entradas de distribuição binomial negativa

O tempo de ordenação da inserção, em segundos, para n entradas de distribuição binomial negativa (κ , p) para vários n (5000, 7000, 9000), κ (1000, 3000, 5000)ep(0.2, 0.5,0.8).

P=0.2

n	k=1000	k=3000	k=5000
5000	0.052	0.055	0.055
7000	0.104	0.110	0.099
9000	0.173	0.170	0.168

P=0.5

n	k=1000	k=3000	k=5000
5000	0.049	0.057	0.052
7000	0.107	0.104	0.099
9000	0.170	0.168	0.170

P=0.8

n	k=1000	k=3000	k=5000
5000	0.049	0.055	0.049
7000	0.104	0.096	0.091
9000	0.168	0.170	0.170

Tabela 3.4: Resultado de 3 experiências factoriais[3] na ordenação por inserção de turnos para entradas de distribuição binomial negativa

Modelo Linear Geral: y versus n, k, p

```
Factor  Type   Levels  Values
n       fixed       3  0, 1, 2
k       fixed       3  0, 1, 2
p       fixed       3  0, 1, 2
Análise de variância para y, usando SS ajustado para testes
```

Source	DF	Seq SS	Adj SS	Adj MS	F	P
n	2	0.1499508	0.1499508	0.0749754	6073009.00	0.000
k	2	0.0000282	0.0000282	0.0000141	1141.00	0.000
p	2	0.0001631	0.0001631	0.0000815	6604.00	0.000
n*k	4	0.0000808	0.0000808	0.0000202	1636.00	0.000
n*p	4	0.0003959	0.0003959	0.0000990	8017.00	0.000
k*p	4	0.0004426	0.0004426	0.0001106	8962.00	0.000
n*k*p	8	0.0003454	0.0003454	0.0000432	3496.75	0.000
Error	54	0.0000007	0.0000007	0.0000000		
Total	80	0.1514074				

S = 0,000111111 R-Sq = 100,00% R-Sq(adj) 100,00%

Tabela 3.5: Resultado de 3 experiências factoriais[3] sobre a ordenação por inserção para entradas de distribuição binomial negativa

Modelo Linear Geral: y versus n, k, p

Factor	Type	Levels	Values
n	fixed	3	0, 1, 2
k	fixed	3	0, 1, 2
p	fixed	3	0, 1, 2

Análise de variância para y, usando SS ajustado para testes

Source	DF	Seq SS	Adj SS	Adj MS	F	P
n	2	0.1866728	0.1866728	0.0933364	7560247.00	0.000
k	2	0.0001785	0.0001785	0.0000893	7231.00	0.000
p	2	0.0002003	0.0002003	0.0001002	8113.00	0.000
n*k	4	0.0003575	0.0003575	0.0000894	7240.00	0.000
n*p	4	0.0001298	0.0001298	0.0000324	2627.50	0.000
k*p	4	0.0000153	0.0000153	0.0000038	310.00	0.000
n*k*p	8	0.0002295	0.0002295	0.0000287	2323.75	0.000
Error	54	0.0000007	0.0000007	0.0000000		
Total	80	0.1877844				

S = 0.000111111 R-Sq = 100.00% R-Sq(adj) = 100.00%

Tanto a ordenação por deslocamento-inserção como a ordenação por inserção são altamente afectadas pelo fator n, κ e p, tanto individual como interactivamente. Quando consideramos os efeitos de interação, é interessante verificar que todas as interações são altamente significativas. Comparando os valores numéricos do rácio de variância calculado F da Tabela 3.4 e da Tabela 3.5, temos uma conclusão muito interessante sobre a sensibilidade destes dois algoritmos em relação aos sete factores (três efeitos principais e quatro interações), conforme resumido na Tabela 3.6. Note-se que "mais" significa comparativamente mais e "menos" significa comparativamente menos.

Tabela 3.6: Resumo da complexidade parametrizada (sensibilidade aos efeitos principais e de interação) para as entradas da distribuição binomial negativa

Fator	Ordenação por inserção de turnos	Ordenação de inserção
n	Menos	Mais
κ	Menos	Mais
p	Menos	Mais
n * κ	Menos	Mais
n * p	Mais	Menos
κ * p	Mais	Menos
n * κ * p	Mais	Menos

É evidente no quadro 3.6 que a ordenação por inserção com deslocamento é menos sensível aos efeitos principais do que a ordenação por inserção, mas é mais sensível aos efeitos de interação do que a ordenação por inserção, exceto no caso da interação $n* k$, para a qual a ordenação por inserção continua a ser mais sensível. Em especial, a partir dos quadros 3.2 e 3.3, é evidente que a ordenação por inserção com deslocamento é mais rápida do que a ordenação por inserção mesmo para entradas de distribuição discreta não uniforme, como a binomial negativa. Como mencionado anteriormente, já é mais rápido para entradas uniformes [6]. Isto conclui a nossa discussão.

3.4 Resultados empíricos e discussão para entradas de distribuição normal

Assumimos que os elementos de seleção seguem uma distribuição contínua não uniforme, ou seja, uma distribuição normal N (m, s). Anteriormente, discutimos a distribuição discreta. Neste caso, as n variantes independentes N (m, s) são obtidas por simulação (utilizando a transformação de Box Muller [13]) e mantidas numa matriz e ordenadas. As Tabelas 3.7 e 3.8 apresentam os dados das experiências factoriais para realizar o nosso estudo sobre a complexidade parametrizada.

Tabela 3.7: Dados de 3 experiências factoriais[3] para a seleção de inserção com entradas de distribuição normal

Tempos de ordenação da inserção na segunda distribuição normal (m, s) para vários n (5000, 7000, 9000), s (800, 1200, 1600) e m (500, 1000, 1500).

s = 800

n	m=500	m=1000	m=1500
5000	0.058	0.060	0.052
7000	0.113	0.102	0.102
9000	0.179	0.173	0.170

s = 1200

n	m=500	m=1000	m=1500
5000	0.055	0.049	0.055
7000	0.113	0.107	0.104
9000	0.170	0.181	0.169

s = 1600

n	m=500	m=1000	m=1500
5000	0.055	0.058	0.058
7000	0.107	0.113	0.107
9000	0.170	0.173	0.181

Tabela 3.8: Dados de 3 experiências factoriais[3] para a ordenação por inserção de turnos com entradas de distribuição normal

Tempos de ordenação de inserção de turnos em segundos para uma entrada de distribuição normal N (m, s) para vários n (5000, 7000, 9000), s (800, 1200, 1600) e m (500, 1000, 1500).

s = 800

n	m=500	m=1000	m=1500
5000	0.041	0.047	0.044
7000	0.093	0.093	0.091
9000	0.148	0.159	0.148

s = 1200

n	m=500	m=1000	m=1500
5000	0.044	0.047	0.047
7000	0.098	0.096	0.096
9000	0.151	0.153	0.153

s = 1600

n	m=500	m=1000	m=1500
5000	0.052	0.044	0.047
7000	0.091	0.102	0.085
9000	0.157	0.157	0.153

A Tabela 3.9 e a Tabela 3.10 apresentam os resultados das experiências factoriais utilizando o pacote estatístico MINITAB versão 15. Durante a análise dos dados, os três níveis de n, m e s foram codificados como 0, 1 e 2, respetivamente.

Tabela 3.9: Resultados de 3^3 experiências factoriais sobre a ordenação por inserção para entradas de distribuição normal

```
Modelo Linear Geral: y versus n, s, m
Tipo de Fator Níveis Valores
n        fixed       3  0, 1, 2
s        fixed       3  0, 1, 2
m        fixed       3  0, 1, 2

Análise de variância para y, usando SS ajustado para testes
```

Source	DF	Seq SS	Adj SS	Adj MS	F	P
n	2	0.1901147	0.1901147	0.0950574	11457.81	0.000
s	2	0.0000734	0.0000734	0.0000367	4.42	0.017
m	2	0.0000927	0.0000927	0.0000463	5.58	0.006
n*s	4	0.0000210	0.0000210	0.0000052	0.63	0.642
n*m	4	0.0000888	0.0000888	0.0000222	2.68	0.041
s*m	4	0.0001779	0.0001779	0.0000445	5.36	0.001
n*s*m	8	0.0002484	0.0002484	0.0000310	3.74	0.002
Error	54	0.0004480	0.0004480	0.0000083		
Total	80	0.1912649				

S = 0,00288033 R-Sq = 99,77% R-Sq(adj) = 99,65%

Tabela 3.10: Resultados de 3 experiências factoriais[3] na ordenação por inserção de turnos para entradas de distribuição normal

Modelo Linear Geral: y versus n, s, m

Factor	Type	Levels	Values
n	fixed	3	0, 1, 2
s	fixed	3	0, 1, 2
m	fixed	3	0, 1, 2

Análise de variância para y, usando SS ajustado para testes

Source	DF	Seq SS	Adj SS	Adj MS	F	P
n	2	0.1523912	0.1523912	0.0761956	11868.93	0.000
s	2	0.0001352	0.0001352	0.0000676	10.53	0.000
m	2	0.0001962	0.0001962	0.0000981	15.28	0.000
n*s	4	0.0002306	0.0002306	0.0000576	8.98	0.000
n*m	4	0.0000618	0.0000618	0.0000154	2.40	0.061
s*m	4	0.0001049	0.0001049	0.0000262	4.08	0.006
n*s*m	8	0.0002109	0.0002109	0.0000264	4.11	0.001
Error	54	0.0003467	0.0003467	0.0000064		
Total	80	0.1536774				

S = 0,00253372 R-Sq = 99,77% R-Sq(adj) = 99,67%

A ordenação por inserção por deslocamento é muito mais afetada pelos efeitos principais n, m e s do que a ordenação por inserção. Quando consideramos os efeitos de interação, é interessante verificar que todas as interações são mais significativas no caso da ordenação por inserção por deslocamento do que na ordenação por inserção, exceto n*m e s*m. Além disso, no caso da ordenação por inserção, a interação de n*s é completamente insignificante. Comparando os valores numéricos do rácio de variância calculado F das Tabelas 3.9 e 3.10, temos outra descoberta interessante sobre a sensibilidade destes dois algoritmos em relação aos sete factores (três efeitos principais e quatro interações), conforme resumido na Tabela 3.11. Pode notar-se que "mais" significa comparativamente mais e "menos" significa comparativamente menos.

Tabela 3.11: Resumo da complexidade parametrizada (sensibilidade aos efeitos principais e de interação) para entradas de distribuição normal

Factor	Shift-insertion sort	Insertion Sort
n	More	slightly Less
s	More	Less
m	More	Less
n*s	More	Very less
n*m	Insignificant at 5% level	Significant at 5% level
s*m	slightly Less	More
n*s*m	More	Less

É evidente no quadro 3.11 que a ordenação por inserção com deslocamento é mais sensível aos efeitos principais do que a ordenação por inserção e é também mais sensível aos efeitos de interação do que a ordenação por inserção, exceto no caso da interação n*m e s*m, para a qual a ordenação por inserção continua a ser ligeiramente mais sensível. Em particular, a partir da Tabela 3.7 e da Tabela 3.8, é evidente que a ordenação por deslocamento é mais rápida do que a ordenação por inserção, mesmo para distribuições contínuas não uniformes como a normal. Isto conclui a nossa discussão.

3.5 Resumo do capítulo

A experiência fatorial em três cubos realizada com o novo insertion sort e o insertion sort revela que, para certos algoritmos como o de ordenação, os parâmetros da distribuição da entrada, tanto singular como interactivamente, são factores importantes, para além do tamanho da entrada, para avaliar a complexidade temporal com maior precisão. A comparação entre os dois métodos de ordenação mostra claramente este facto. No entanto, no nosso caso, os dois parâmetros (k e p) da distribuição binomial negativa e os dois parâmetros (m , s) da distribuição normal têm um efeito muito significativo no tempo de seleção. Utilizámos uma experiência fatorial de 3 cubos para estudar a dependência do fator na complexidade do tempo médio de um programa útil como a triagem. Embora os nossos resultados constituam definitivamente um desafio intelectual para os analistas teóricos, sublinhamos aqui que a previsão barata e eficiente [2] é o objetivo em experiências informáticas como as que aqui foram realizadas. Uma experiência computacional é uma série de execuções de um código para várias entradas.

Capítulo 4: K-sort: Um novo algoritmo de ordenação que bate o heap sort para n < 70 lakhs*

* K. K. Sundararajan, M. Pal, S. Chakraborty e N. C. Mahanti, K-Sort: Um novo algoritmo de classificação que bate o Heap Sort para n <= 70 lakhs!, Internacional sobre Tendências Recentes em Engenharia e Tecnologia (ACEEE), Vol. 8, No. 1, Jan 2013, 64-67

Neste capítulo, K-sort, uma nova versão do quick sort é desenvolvida removendo o intercâmbio e removendo o array auxiliar para evitar a complexidade de espaço. É mais rápido que o heap sort até n o tamanho do array menor que igual a setenta lakhs.

4.1 Introdução

Existem vários métodos de ordenação interna (em que todos os elementos de ordenação podem ser mantidos na memória principal). Os algoritmos mais simples, como o bubble sort, demoram normalmente O (n^2) tempo a ordenar n objectos e só são úteis para ordenar listas curtas. Um dos algoritmos de ordenação mais populares para ordenar listas longas é o quick sort, que demora em média O($n\log_2 n$) e O (n^2) no pior dos casos. Para uma literatura exaustiva sobre algoritmos de ordenação, pode ser sugerida a consulta de [1].

Sundararajan e Chakraborty [15] introduziram uma nova versão do quick sort removendo os intercâmbios. Khreisat [9] verificou que este algoritmo estava a competir bem com algumas outras versões do quick sort como SedgewickFast, B-sort e Singleton sort para n entre 3,000 e 2,00,000. Uma vez que as comparações e não as trocas são dominantes na ordenação, a remoção das trocas não faz com que a ordem de complexidade deste algoritmo seja diferente da do quick sort. Por outras palavras, o algoritmo tem uma complexidade média e de pior caso semelhante à do quick sort, ou seja, O(nlog$_2$ n) e O(n^2) respetivamente, o que também é confirmado por Khreisat [9]. No entanto, utiliza uma matriz auxiliar, aumentando assim a complexidade espacial. Aqui, apresentamos uma segunda versão melhorada da nossa nova ordenação, a que chamamos ordenação K, em que eliminámos a matriz auxiliar. Verifica-se que o K-sort ordena os elementos mais rapidamente do que o heap sort [66] para um tamanho de matriz consideravelmente grande (n $\leq$ 70,00,000) para entradas contínuas e uniformes em U[0, 1].

4.2 Algoritmos

Os passos do algoritmo de K-sort, a nova versão do quick sort, são aqui explicados. No caso contínuo, as entradas da distribuição uniforme contínua U(0,l) geram números reais. Por isso, o programa requer algumas alterações nos tipos de dados que estão a ser utilizados.

A) K-sort

As etapas do K-sort, nova versão do quick sort, são as seguintes

Passo-l: Inicializar o primeiro elemento da matriz como a chave

elemento e i como esquerda, j como$^{(right+1), k = p}$ em que p é

Passo 2: Repetir o passo 3 até que a condição (j-i) > 2 seja satisfeita.

Passo-3: Comparar a[p] e o elemento-chave. Se $^{key \leq a[p]}$ então

Passo-3.l: se(pis não é igual aj ej não é igual a $^{(right + 1))}$

depois set a[j] = a[p]

else if (j equals (right + 1)) then

set temp = a[p] and flag = 1

decrease j by 1 and assign p = j

else (if the comparison of step-3 is not satisfied i.e.

if key > a[p])

Step-3.2: assign a[i] = a[p] , increase i and k by 1 and

set p = k

Step-4: set a[i] = key

if (flag = = 1) then assign a[i+1] = temp

Step-5: if (left < i - 1) then
Dividir a matriz em sub-matriz desde o elemento inicial até ao elemento i^{th} e repetir os passos 1-4 com a sub-matriz.

Step-6: if (left > i + 1) then
Dividir a matriz em sub-matriz a partir do elemento i^{th} até ao elemento final e repetir os passos 1-4 com a sub-matriz.

B) Distribuição uniforme contínua

Os passos para extrair dados de uma distribuição uniforme contínua foram dados no capítulo 2 (secção 2.2C).

4.3 Ilustração

Aqui, é claramente explicado como o K-sort ilustra.

Lista não ordenada	55	66	60	78	22	50	75	5	8	94
Chave=55	8	5	50	22	55	66	75	78	60	94
Temp = 66										
Chave=8	5	8	50	22	55	66	75	78	60	94
Temp = 50										
Chave=50	5	8	22	50	55	66	75	78	60	94
Temp =Nil										
Chave=66	5	8	22	50	55	60	66	78	75	94
Temp = 75										
Chave=78	5	8	22	50	55	60	66	75	78	94
Temp = 94										
Lista ordenada	5	8	22	50	55	60	66	75	78	94

Nota: Se a submatriz tiver um único valor, não precisa de ser processada.

4.4 Resultados empíricos e discussão

Uma experiência computacional é uma série de execuções de um código para várias entradas [2]. Executando experiências computacionais, pudemos comparar o tempo médio de ordenação em segundos (média obtida em 100 leituras) para diferentes valores de n, tanto para K-sort como para heap sort. Usando a simulação de Monte Carlo [13], a matriz de tamanho n foi preenchida com variantes uniformes contínuas independentes U[0, 1] e os elementos são copiados para outra matriz. Uma matriz é ordenada por K-sort enquanto a outra é ordenada por heap sort. A Tabela 4.1 e a Fig. 4.1 apresentam os resultados empíricos.

Tabela 4.1: Comparação do tempo médio de ordenação entre K-sort e heap sort

n	$n\log_2(n)$	K- tempo médio de ordenação (em segundos)	Tempo médio de ordenação da pilha (em segundos)
100000	1660964.05	0.0157	0.0156
500000	9465784.28	0.0811	0.1061
1000000	19931568.6	0.1877	0.2751
2500000	53133741.7	0.6532	0.8953
5000000	111267483	1.914	2.1640
6000000	135099186	2.5967	2.7235
7000000	159172464	3.2892	3.3749
7100000	161591652	3.4502	3.3782
7500000	171288444	4.0695	3.6439
10000000	232534967	8.2293	5.5951

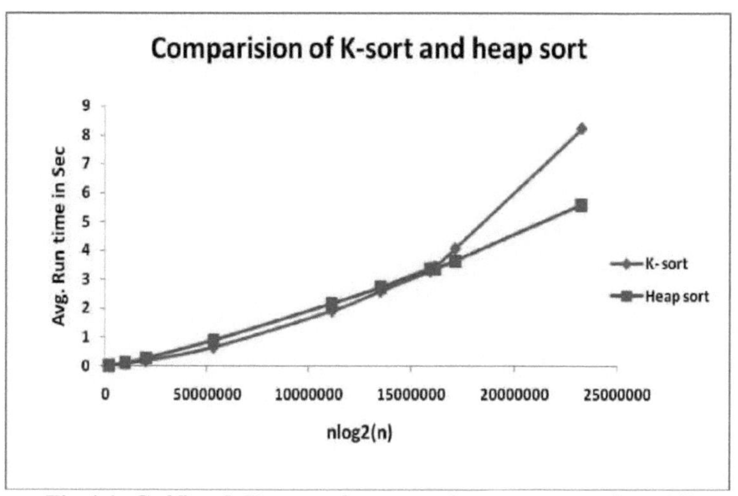

Fig 4.1: Gráfico deK- sort e heap sort (tempo versus $nlog_2$ (n))

Os tempos médios observados a partir de entradas de distribuição uniforme contínua U(0, 1) para K-sort e heap sort estão representados na Tabela 4.1. A Fig. 4.1, juntamente com a Tabela 4.1, sugere uma comparação entre estes algoritmos.

Um momento de reflexão a partir da Tabela 4.1 sugere que o tempo médio de execução do K-sort é menor do que o do heap sort quando o tamanho da matriz n < 70 lakhs e acima deste intervalo o heap sort é mais rápido.

4.4.1 Análise estatística (utilizando o Minitab versão 15) dos resultados empíricos

Aqui, discutimos a análise estatística da K-sort. A Tabela 4.2 e a Tabela 4.3 apresentam a média regressiva [39], [69],[70] do tempo de ordenação y(K) sobre $nlog_2$ (n) e n, e a análise de variância para K-sort. A Tabela 4.4 e a Tabela 4.5 apresentam a regressão do tempo médio de ordenação y(H) sobre $nlog_2$ (n) e n, e a análise de variância para a ordenação em heap.

Tabela 4.2 Análise para K-sort: Regressão do tempo médio de ordenação y(K) sobre $n\log_2(n)$ e n

A equação de regressão é

Predictor	Coef	SE Coef	T	P	VIF
Constant	0.7516	0.4153	1.81	0.113	
nlog(n)	0.00000048	0.00000010	4.89	0.002	2225.579
n	-0.00001048	0.00000229	-4.58	0.003	2225.579

S = 0.499133   R-Sq = 97.0%   R-Sq(adj) = 96.1%

PRESS = 8.44451   R-Sq(pred) = 85.42%

$$Y(K) = 0.7516 + 0.00000048\, n\log_2(n) - 0.00001048\, n \quad \text{.........} (1)$$

Quadro 4.3 Análise de variância para a seleção K

Source	DF	SS	MS	F	P
Regression	2	56.177	28.088	112.74	0.000
Residual Error	7	1.744	0.249		
Total	9	57.921			

Obs	$n\log_2(n)$	y(K)	Fit	SE Fit	Residual	St Resid
1	1660964	0.016	0.501	0.366	-0.485	-1.43
2	9465784	0.081	0.054	0.274	0.027	0.06
3	19931569	0.188	-0.163	0.238	0.350	0.80
4	53133742	0.653	0.052	0.265	0.602	1.42
5	111267483	1.914	1.751	0.247	0.163	0.38
6	135099186	2.597	2.709	0.217	-0.112	-0.25
7	159172464	3.289	3.782	0.202	-0.493	-1.08
8	161591652	3.450	3.895	0.202	-0.445	-0.97
9	171288444	4.069	4.356	0.209	-0.287	-0.63
10	232534967	8.229	7.550	0.422	0.679	2.54R

Source	DF	Seq SS
nlog(n)	1	50.942
n	1	5.235

R representa uma observação com um resíduo padronizado elevado.

Observamos agora o resumo gráfico de mais alguns testes de ajuste do modelo de K-sort com base nos dados do Quadro 4.1 nas subfiguras de

A Fig. 4.2 e o resumo gráfico de alguns testes adicionais de ajuste do modelo de classificação de pás com base nos dados do Quadro 4.1 nas subfiguras da Fig. 4.3.

Fig. 4.2: Resumo gráfico de alguns testes adicionais de ajuste do modelo de seleção K.

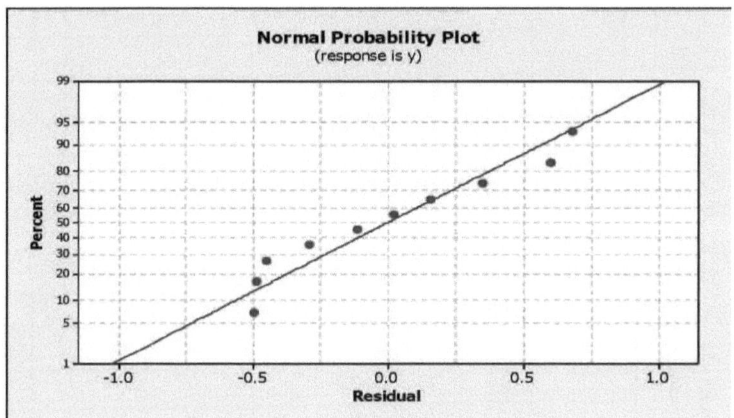

Fig 4.2.1: Gráfico de probabilidade normal de K-sort

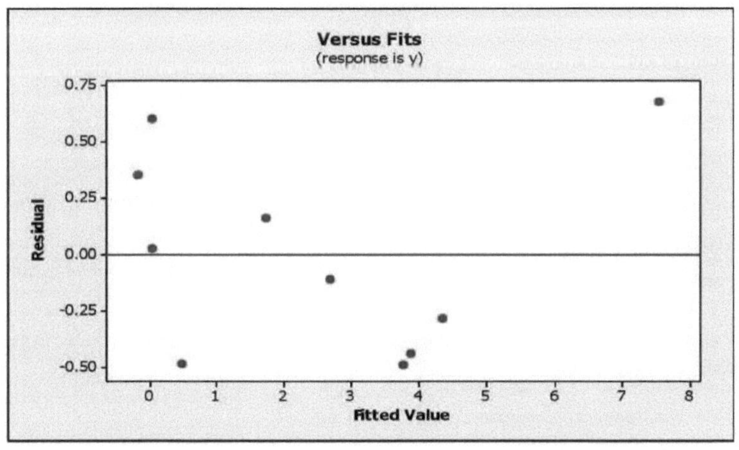

Fig 4.2.2: Valor residual versus valor ajustado de K-sort

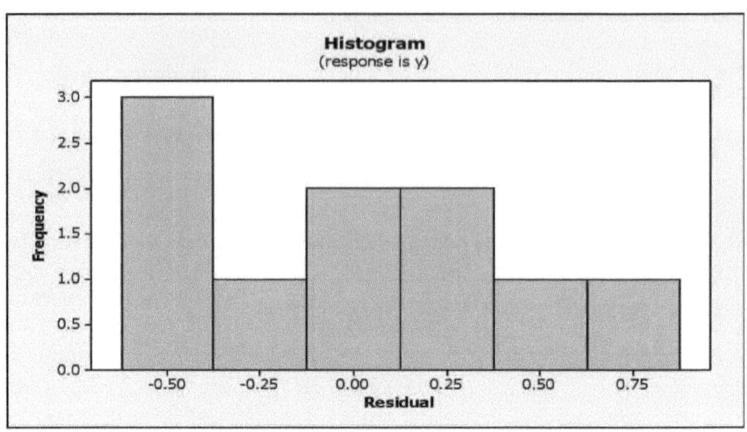

Fig 4.2.3: Histograma de resíduos da seleção K

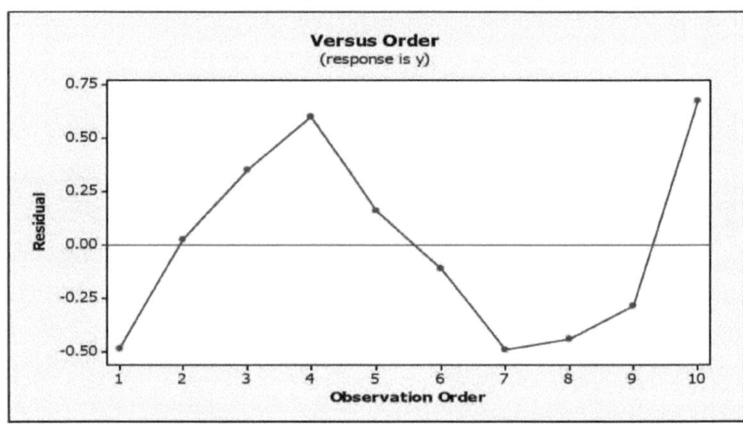

Fig 4.2.4: Resíduo versus ordem de observação da seleção K

Tabela 4.4 Análise da ordenação em pilha: Regressão do tempo médio de ordenação y(H) sobre nlog$_2$ (n) e n

A equação de regressão é

Y(H) = 0.12574 + 0.00000013 nlog$_2$(n) - 0.00000256 n ....(2)

Predictor	Coef	SE Coef	T	P	VIF
Constant	0.12574	0.06803	1.85	0.107	
nlog(n)	0.00000013	0.00000002	8.29	0.000	2225.579
n	-0.00000256	0.00000037	-6.85	0.000	2225.579

S = 0.0817608   R-Sq = 99.9%   R-Sq(adj) = 99.8%

PRESS = 0.225845   R-Sq(pred) = 99.28%

Quadro 4.5 Análise de variância para o heap sort

Source	DF	SS	MS	F	P
Regression	2	31.169	15.585	2331.34	0.000
Residual Error	7	0.047	0.007		
Total	9	31.216			

Source	DF	Seq SS
nlog(n)	1	30.856
n	1	0.313

Obs	$n\log_2(n)$	y(H)	Fit	SE Fit	Residual	St Resid
1	1660964	0.0156	0.0907	0.0600	-0.0751	-1.35
2	9465784	0.1061	0.1055	0.0449	0.0006	0.01
3	19931569	0.2751	0.2186	0.0391	0.0565	0.79
4	53133742	0.8953	0.7985	0.0434	0.0968	1.40
5	111267483	2.1640	2.1379	0.0404	0.0261	0.37
6	135099186	2.7235	2.7507	0.0355	-0.0272	-0.37
7	159172464	3.3749	3.3958	0.0331	-0.0209	-0.28
8	161591652	3.3782	3.4618	0.0331	-0.0836	-1.12
9	171288444	3.6439	3.7289	0.0343	-0.0850	-1.14
10	232534967	5.5951	5.4832	0.0691	0.1119	2.56R

R representa uma observação com um resíduo padronizado grande.

Fig. 4.3: Resumo gráfico de alguns testes adicionais de ajuste do modelo de seleção de pilhas

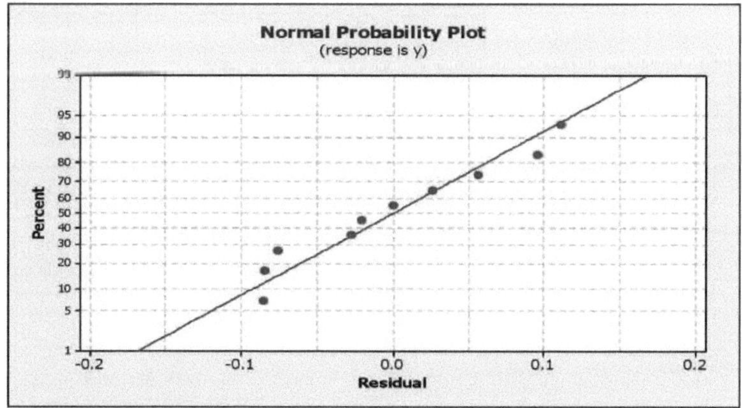

Fig 4.3.1: Gráfico de probabilidade normal do heap sort

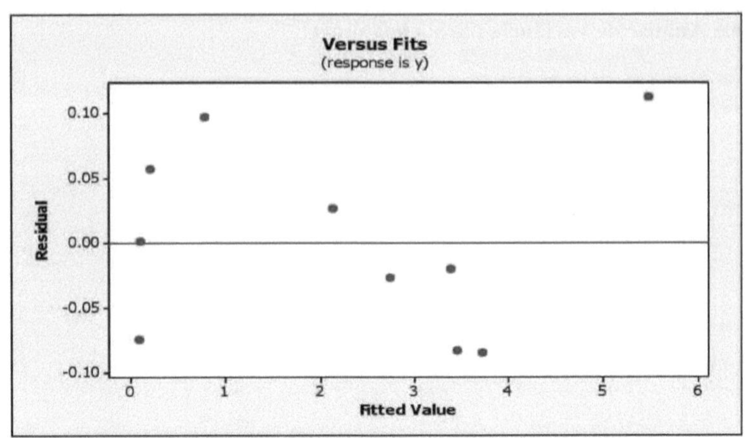

Fig 4.3.2: Valor residual versus valor ajustado da seleção de pilha

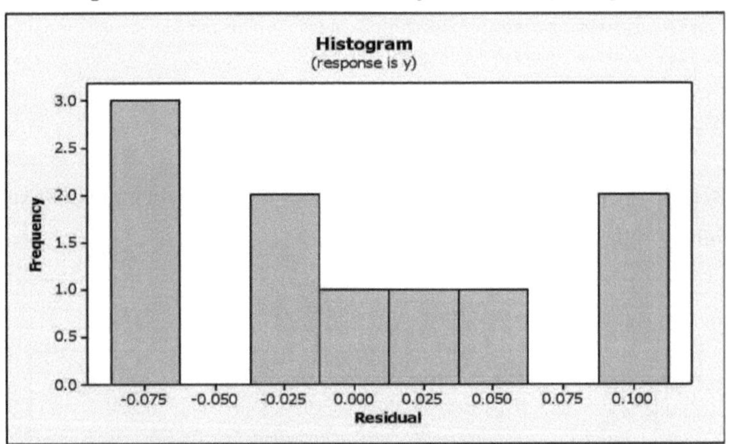

Fig 4.3.3; Histograma de resíduos da seleção de pilha

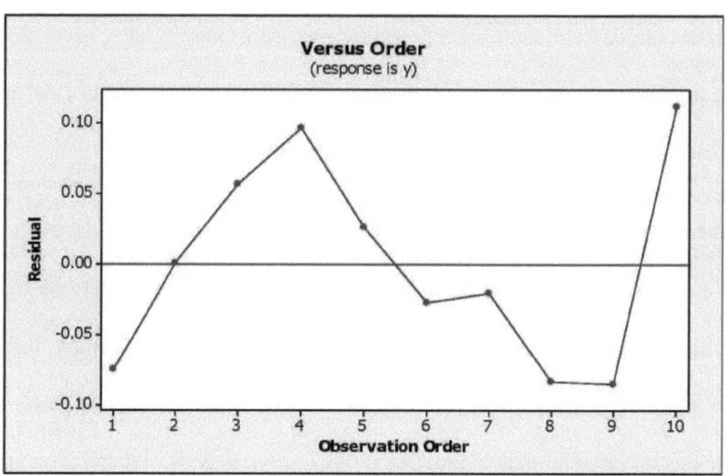

Fig 4.3.4: Ordem residual versus ordem de observação da ordenação em pilha

É fácil ver que a soma dos quadrados contribuída por $n\log_2 n$ para o modelo de regressão, tanto no K-sort como no heap sort, é substancial em comparação com a contribuída por n. Pode recordar-se que ambos os algoritmos têm uma complexidade média de $O(n\log_2 n)$. Assim, os resultados experimentais estão a confirmar a teoria. Mantivemos um termo n no modelo porque uma análise da declaração matemática que conduz à complexidade $O(n\log_2 n)$ no quick sort e no heap sort sugere um termo n [1].

A equação de regressão de comparação entre os dois algoritmos de ordenação para o caso médio é obtida simplesmente subtraindo y(H) de y(K).

Temos, **$y(K) - y(H) = 0{,}52586 + 0{,}00000035\, n\log_2 (n) - 0{,}00000792\, n$ .... (3)**

A vantagem das equações (1), (2) e (3) é que podemos prever os tempos médios de execução de ambos os algoritmos de ordenação, bem como a sua diferença, mesmo para valores enormes de n, para os quais pode ser computacionalmente complicado executar o código. Esta "previsão barata" é o lema das experiências informáticas e permite-nos optar pela modelação estocástica mesmo para dados não aleatórios. Outra vantagem é que o conhecimento apenas do tamanho da entrada é suficiente para fazer uma previsão. Ou seja, não é necessário fornecer toda a entrada (para a qual a resposta é fixa). Assim, a previsão através de um modelo estocástico não só é barata como também mais eficiente [2].

É importante notar que, quando estamos a trabalhar diretamente no tempo de execução de um programa, estamos na realidade a estimar um limite estatístico num intervalo finito (não é possível realizar uma experiência informática com um tamanho de entrada infinito). Um limite estatístico difere de um limite matemático no sentido em que, ao contrário deste último, *pesa* as operações de computação em vez de as contar e, como tal, é capaz de misturar diferentes operações num limite concetual, ao passo que os limites de complexidade matemática são específicos de cada operação. Aqui, o tempo de uma operação é considerado como o seu peso. Para uma discussão geral sobre o limite estatístico, incluindo uma definição formal e outras propriedades, pode consultar-se [11] e [5] para saber por que razão o limite estatístico é o limite ideal em computação paralela. A estimativa de um limite estatístico é obtida através da realização de experiências informáticas, em que são atribuídos valores numéricos aos pesos, num intervalo finito. Isto significa que a credibilidade da estimativa do limite depende de uma conceção e análise adequadas da nossa experiência informática. A literatura sobre experiências computacionais noutras áreas de aplicação, como a conceção de VLSI, a combustão, a transferência de calor, etc., pode ser consultada em [10] e na sua revisão [12].

4.5 Resumo do capítulo

O K-sort é evidentemente mais rápido do que o heap sort para um número de elementos de ordenação até 70 lakhs, embora ambos os algoritmos tenham a mesma ordem de complexidade $O(n\log_2 n)$ no caso médio. O trabalho futuro envolve um estudo sobre a complexidade parametrizada [19] nesta versão melhorada. Como comentário final, recomendamos vivamente o K- sort pelo menos para n < 70, 00000. No entanto, concordamos em optar pelo heap-sort no pior caso, devido ao facto de manter a complexidade $O(n\log_2 n)$ mesmo no pior caso, embora seja mais difícil de programar.

Capítulo 5: Comportamento do K-sort na complexidade parametrizada usando experiências factoriais para entradas não uniformes*

Revista internacional de arquivo matemático, 2(8), 2011,1274-1278
***Algorithms Research 2011; 1(1): 1-4**

No capítulo anterior, foi demonstrado que a ordenação K é evidentemente mais rápida do que a ordenação heap para entradas de distribuição uniforme contínua. Neste capítulo, descreve-se o comportamento do K-sort, a nova versão do quick sort, para entradas não uniformes, como as entradas de distribuição binomial e de distribuição binomial negativa.

5.1 Introdução

O presente artigo examina o comportamento do K-sort [16] (uma nova versão do quick sort que remove as trocas; uma versão anterior [15] usava uma matriz auxiliar que foi agora removida) para entradas com distribuição binomial e é uma continuação do nosso trabalho anterior sobre este novo algoritmo para entradas uniformes U[0,l] [16], com o reconhecimento de que aqui o foco será a forma como os parâmetros da distribuição binomial afectam o tempo médio de ordenação. Por outras palavras, este é um trabalho em complexidade parametrizada [17]. Recorre-se a experiências factoriais quando as n observações a ordenar provêm independentemente da distribuição binomial B (m, p). Para investigar o efeito individual do número de elementos de ordenação (n), os parâmetros da distribuição binomial (m e p, que dão o número fixo de tentativas e a probabilidade fixa de sucesso numa única tentativa) e também os seus efeitos de interação, é realizada uma experiência fatorial de 3 cubos com três níveis de cada um dos três factores n, m e p. Além disso, obtivemos alguns padrões interessantes que mostram como os parâmetros binomiais influenciam o tempo médio de ordenação. Tentámos uma justificação para o mesmo [20].

Também o comportamento do K-sort [16] para entradas de distribuição binomial negativa e é uma continuação do nosso trabalho anterior sobre este novo algoritmo para entradas de distribuição binomial [20], com o reconhecimento de que aqui o foco será a forma como os parâmetros da distribuição binomial negativa afectam o tempo médio de ordenação. Trata-se de um trabalho de complexidade parametrizada em que se utilizam experiências factoriais quando as n observações a ordenar provêm independentemente da distribuição binomial negativa NB (k, p). Aqui κ é o número desejado de sucessos (os ensaios, que podem resultar em sucesso ou fracasso, continuam independentemente até κ sucessos serem obtidos; quando k=l, obtemos uma distribuição geométrica) e p é a probabilidade de sucessos num único ensaio, que é fixa para todos os ensaios. Para investigar o efeito individual do número de elementos de ordenação (n), os parâmetros de distribuição binomial negativa κ e p, bem como os seus efeitos de interação, é realizada uma experiência fatorial de 3 cubos com três níveis de cada um dos três factores n, κ e p [74]. O K-sort é descrito em [16] e no capítulo 4 (secção 4.2) por uma questão de exaustividade.

Uma experiência fatorial permite determinar o efeito de vários factores, e mesmo as interações entre eles, com o mesmo número de ensaios que o necessário para determinar qualquer um dos efeitos isoladamente com o mesmo grau de precisão [21]. O termo "fatorial" pode não ter sido utilizado na imprensa antes de 1935, quando o Prof. R. A. Fisher o utilizou no seu livro

"The Design of Experiments" [22], [37]. Frank Yates fez contribuições significativas, particularmente na análise de projectos, através da Análise de Yates [23], [24].

Os resultados experimentais são obtidos através de experiências em computador. Uma experiência em computador é uma série de execuções de um código para várias entradas. Para mais informações sobre experiências em computador, consultar [10]. Uma experiência informática determinística é aquela que produz resultados idênticos se o código for executado novamente com entradas idênticas. Se a resposta da experiência informática for a complexidade do algoritmo subjacente, então é determinística para uma entrada fixa, mas pode ser considerada estocástica para um tamanho de entrada fixo e para elementos de entrada que variam aleatoriamente, como na triagem. Mesmo nos outros casos, podemos defender a modelação estocástica, imaginando a resposta como estocástica para conseguir uma previsão barata e eficiente. Um livro recente que apresenta uma abordagem da complexidade algorítmica orientada para a experiência computacional, incluindo a complexidade parametrizada, é [11].

5.2 Algoritmos

K-sort, a nova versão do quick sort é desenvolvida e discutida anteriormente.

As etapas da selecçãoK são apresentadas no capítulo 4 (secção 4.2A)

A) Distribuição binomial

Seja X uma variante binomial com parâmetros n e p. A probabilidade $P(X = x) = {}^{n}C_{x}\, p^{x}(1-p)^{n-x}$ onde x=0, 1,2, .. .n e $0<p<1$. A distribuição binomial tem três pressupostos:

1. Os ensaios são independentes.

2. Cada ensaio pode ter um de dois resultados possíveis, a que chamamos "sucesso" e "fracasso", respetivamente.

3. A probabilidade de sucesso p é fixa em cada ensaio. A expressão de P(X=x) dá a probabilidade de obter x sucessos em n ensaios efectuados de acordo com os três pressupostos acima referidos. A distribuição é assim designada porque a expressão de P(X=x) é o termo geral, ou seja, $(x+1)^{th}$ termo na expansão binomial de $(q+p)^n$, q=1-p é a probabilidade de insucesso em cada ensaio. Como assumimos que p é fixo, q também é fixo.

As etapas para extrair dados da distribuição binomial são as seguintes

Passo-1: Atribuir m e p (parâmetros binomiais), que dão o número fixo de ensaios e a probabilidade fixa de sucesso num único ensaio, em número fixo.

Passo 2: Randomize ( )
Passo-3: Definir uma matriz com tamanho n, ou seja, a[n]

Passo-4: Repetir os passos 5 a 10 para0<= i<n

Passo-5: Definir s:=0

Passo-6: Repetir os passos 7 a 9 para 0<=j<m

Passo 7: Set r:= rand ( ) / RAND_MAX
Passo-8: Comparar r e p. Se (r<p) então

Passo-9: Definir s:= s+1

Passo-10: Definir a[i]:= s

B) Distribuição binomial negativa

As etapas para extrair dados da distribuição binomial negativa são apresentadas no capítulo 3 (secção 3.2 A). Para a distribuição binomial negativa, existem dois parâmetros (k e p, que dão o número fixo de sucessos e a probabilidade fixa de sucesso num ensaio).

5.3 Resultados empíricos e discussão para entradas de distribuição binomial

O nosso primeiro estudo examina o comportamento do K sort para variar p com n e m fixos em entradas de distribuição binomial. A Tabela 5.1 dá o tempo médio de execução y (média obtida em 30 leituras) para diferentes valores do argumento p para n=50000 e m=100 fixos.

Tabela 5.1: Tempo médio de seleção para diferentes valores de p para um valor fixo de n=50000 e m=100 para a seleção K com entradas de distribuição binomial

P	Tempo médio de seleção em segundos
0.1	0.3782
0.2	0.2862
0.3	0.25
0.4	0.2348
0.5	0.2298
0.6	0.233
0.7	0.2484
0.8	0.286
0.9	0.3812

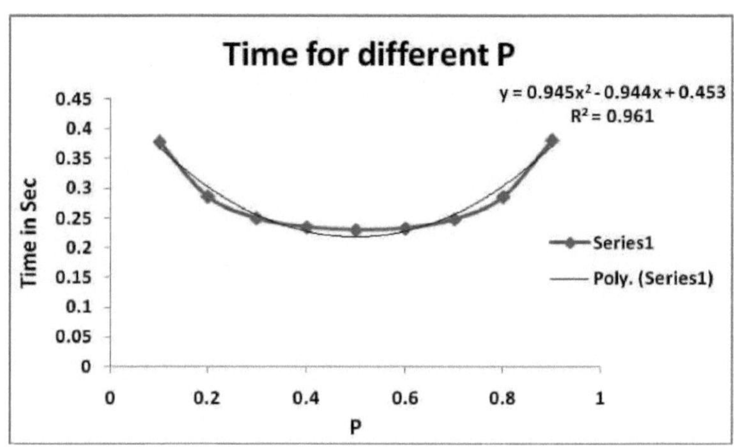

Fig 5.1: Tempo médio de seleção versus diferentes valores de p para n=50000 e m=100 fixos: ajuste quadrático

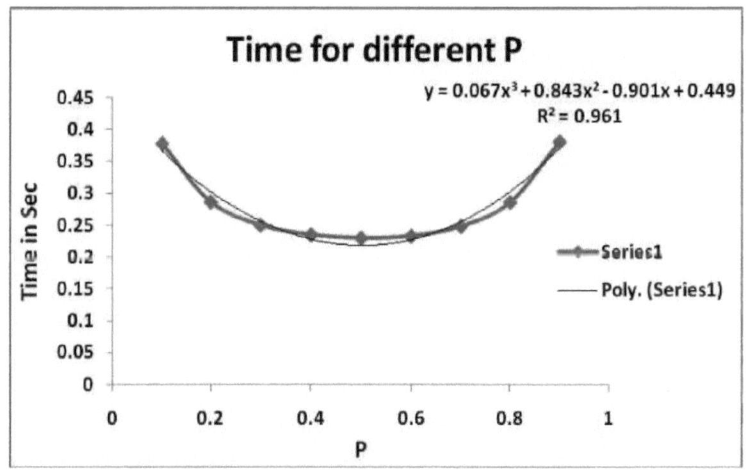

Fig 5.2: Tempo médio de seleção versus diferentes valores de p para n=50000 e m=100 para K sort: ajuste cúbico

Comparando a Fig. 5.1 e a Fig. 5.2, com base nos resultados experimentais apresentados na Tabela 5.1, verificamos que um polinómio de segundo grau é o ajuste adequado para representar o tempo médio de triagem em termos de p para entradas de distribuição binomial para um número fixo de ensaios m e um tamanho de matriz n. Os ajustes cúbico e quadrático são igualmente bons, o que significa que o termo cúbico não contribui em nada para o modelo. No nosso segundo estudo, mantemos p e n fixos e observamos o tempo médio de triagem para variar m.

A Tabela 5.2 apresenta o tempo médio de execução y (média obtida em 30 leituras) para diferentes valores do argumento m para n=150000 e p=0,5 fixos

Tabela 5.2: Tempo médio de ordenação para diferentes m e p= 0,5 e n=150000 fixos para K-sort com entradas de distribuição binomial

M	Tempo de triagem observado em segundos
100	2.0516
500	0.9249
1000	0.6563
1500	0.5422
2000	0.4674

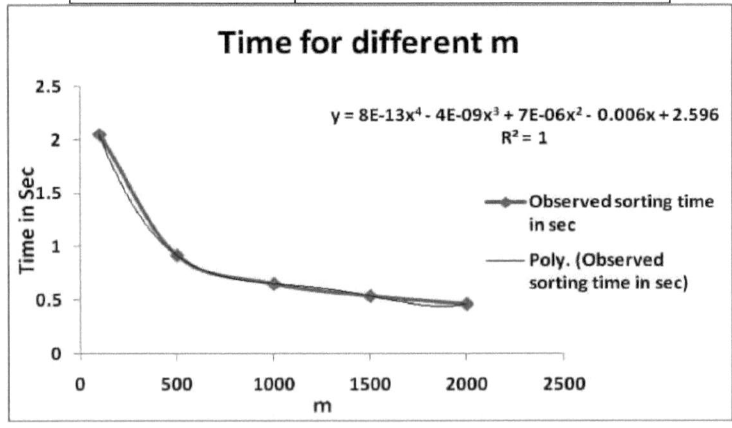

Fig 5.3: Tempo médio de ordenação versus m para p= 0,5 e n=150000 fixos para K-sort com entradas de distribuição binomial: ajuste polinomial de quarto grau

A Fig. 5.3, baseada nos resultados experimentais apresentados na Tabela 5.2, sugere um ajuste polinomial de quarto grau para as entradas da distribuição binomial para prever o tempo médio de seleção em termos de m para p e n fixos. Isto deve-se ao facto de, à medida que m aumenta, o número de empates diminuir.

A razão pela qual isto acontece é discutida mais tarde (no final desta secção). No nosso próximo estudo, a Tabela 5.3 apresenta os dados das experiências factoriais para realizar o nosso estudo sobre a complexidade parametrizada.

Tabela 5.3: Dados para 3^3 experiências factoriais para K- sort com entradas de distribuição binomial

Tempos de ordenação K na segunda distribuição binomial (m, p) para vários n (50000, 100000, 150000), m (100, 1000, 1500) e p (0,2, 0,5, 0,8).

n = 50000

M	p=0.2	p=0.5	p=0.8
100	0.2862	0.2298	0.286
1000	0.094	0,0748	0.0937
1500	0.0751	0.0623	0.078

n=100000

m	p=0.2	p=0.5	p=0.8
100	1.1422	0.9109	1.1407
1000	0.3671	0.2936	0.3655
1500	0.3014	0.2421	0.3014

η =150000

m	p=0.2	p=0.5	p=0.8
100	2.5658	2.0516	2.5673
1000	0.8205	0.6563	0.8158

1500	0.672	0.5422	0.6704

O quadro 5.4 apresenta os resultados utilizando a versão do pacote estatístico MINITAB 15. Durante a análise dos dados, os três níveis de n, m, p foram codificados como 1,2,3, respetivamente.

Tabela 5.4: Resultados de 3^3 experiências factoriais em K-sort com entradas de distribuição binomial

```
General Linear Model: y versus n, m, p
Factor  Type   Levels  Values
n       fixed       3  1, 2, 3
m       fixed       3  1, 2, 3
p       fixed       3  1, 2, 3

Analysis of Variance for y, using Adjusted SS for Tests
Source  DF   Seq SS   Adj SS   Adj MS          F      P
n        2  17.3422  17.3422   8.6711  879434.48  0.000
m        2  14.0687  14.0687   7.0343  713429.94  0.000
p        2   0.3512   0.3512   0.1756   17807.22  0.000
n*m      4   7.0538   7.0538   1.7635  178851.85  0.000
m*p      4   0.1445   0.1445   0.0361    3663.67  0.000
n*p      4   0.1721   0.1721   0.0430    4363.81  0.000
n*m*p    8   0.0716   0.0716   0.0090     908.08  0.000
Error   54   0.0005   0.0005   0.0000
Total   80  39.2047

S = 0.00314005   R-Sq = 100.00%   R-Sq(adj) = 100.00%
```

K- sort é altamente afetado pelos efeitos principais n, m e p. Quando consideramos os efeitos de interação, é interessante verificar que todas as interações são significativas em K- sort. Surpreendentemente, mesmo a interação de três factores n*m*p não pode ser negligenciada. Observa-se que y diminui com o aumento de p até 0,5 na Fig. 5.1 e depois aumenta com o aumento de p. A única justificação que pode ser prontamente dada é que, à medida que p se afasta de 0,5, os valores mais baixos de m (p<0,5) ou os valores mais altos de m (p>0,5) são mais prováveis, resultando num maior número de empates. Se houvesse intercâmbios, um maior número de empates resultaria num menor número de intercâmbios, o que levaria a um menor tempo de triagem. A questão que interessa é a seguinte: quando não há trocas, porque é que um aumento dos laços leva a um aumento do tempo de seleção (pelo menos neste caso)? A resposta é que a construção do algoritmo é tal que são necessários mais cálculos para "if (key < a[p])" (secção 4.2A, passo 3) do que para "se (chave > a[p])". O cerne do debate reside no facto de o caso da igualdade que resulta em empates ser associado ao operador do tipo menor que (<). Se fosse ligado com o operador de tipo maior (>), a história seria ao contrário.

5.4 Resultados empíricos e discussão para as entradas da distribuição binomial negativa

O nosso primeiro estudo examina o comportamento do K- sort para variar p com n e κ fixos para entradas de distribuição binomial negativa. Em seguida, examinamos o comportamento do K- sort para variar κ com n e p fixos e observamos que a complexidade média suporta a complexidade $O(n^2)$ do pior caso. A Tabela 5.5 apresenta o tempo médio de execução y (média obtida em 100 leituras) para diferentes valores do argumento p para n=100000 e k=100 fixos.

Tabela 5.5: Tempo médio de ordenação para diferentes p para n=100000 fixo e k=100 para K-sort com entradas de distribuição binomial negativa

P	Tempo médio de seleção em segundos
0.1	0.1205
0.2	0.2345
0.3	0.3565
0.4	0.5082
0.5	0.6814
0.6	0.911
0.7	1.231
0.8	1.7219

0.9	2.8236

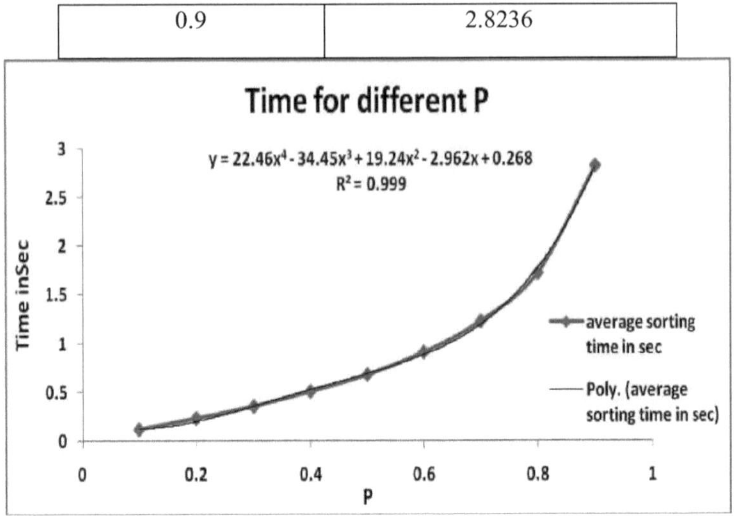

Fig. 5.4: Tempo médio de seleção versus diferentes valores de p para n=100000 e k=100 fixos: ajuste polinomial de quarto grau

A partir da Fig. 5.4, com base nos resultados experimentais apresentados na Tabela 5.5, concluímos que um polinómio de quarto grau é o ajuste adequado para representar o tempo médio de seleção em termos de p para entradas de distribuição binomial negativa para n e k fixos. A Tabela 5.6 e a Figura 5.5 baseada na Tabela 5.6 apresentam um resumo dos resultados.

Tabela 5.6: Tempo médio de triagem para variar κ com n=100000 fixo e p=0,5 para K-sort com entradas de distribuição binomial negativa

K	Tempo
100	0.6814
500	0.319
1000	0.2346
1500	0.2004
2000	0.1752

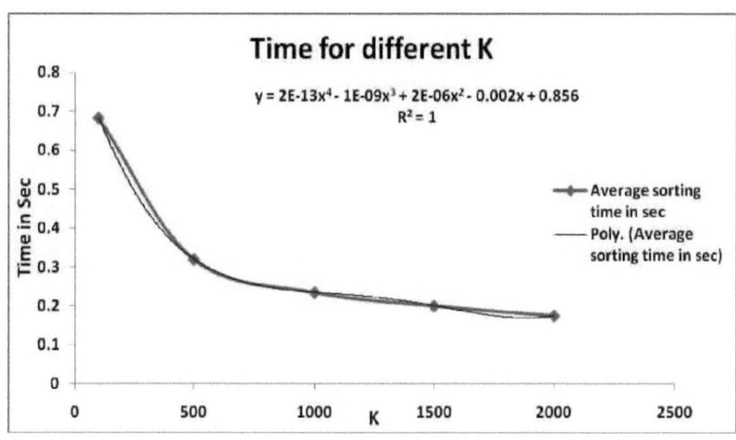

Fig 5.5: Tempo médio de seleção versus diferentes valores de κ com n=100000 fixo, p=0,5: ajuste polinomial de quarto grau

A seguir, examinaremos a robustez do K- sort para entradas de distribuição binomial negativa. Os nossos resultados estão resumidos no quadro 5.7, no quadro 5.8, na figura 5.6 e na figura 5.7. Surpreendentemente, os resultados apoiam a complexidade O (n^2) do pior caso, mesmo para o caso médio. Esta questão é discutida na última parte desta secção.

Tabela 5.7: Dados para nlog$_2$ n versus tempo para K-sort

x=n(log2n)	Tempo
780482	0.086
1660964	0.3281
2579190	0.7372
3521928	1.3128

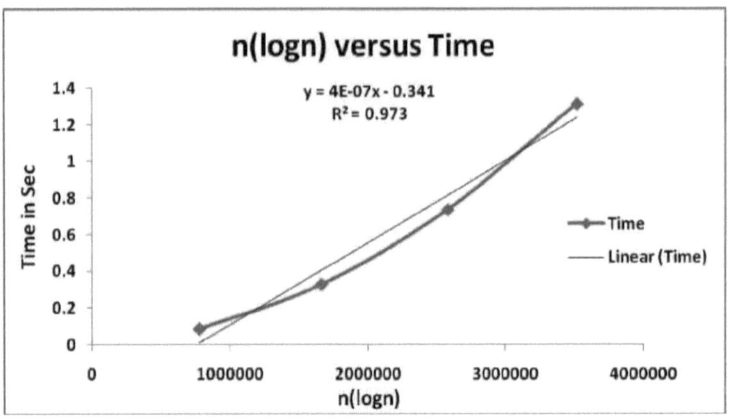

Fig 5.6: O tempo médio não está a suportar a complexidade O(nlogn)!

Tabela 5.8: Dados para n versus tempo para K-sort

X=n	tempo
50000	0.086
100000	0.3281
150000	0.7372
200000	1.3128

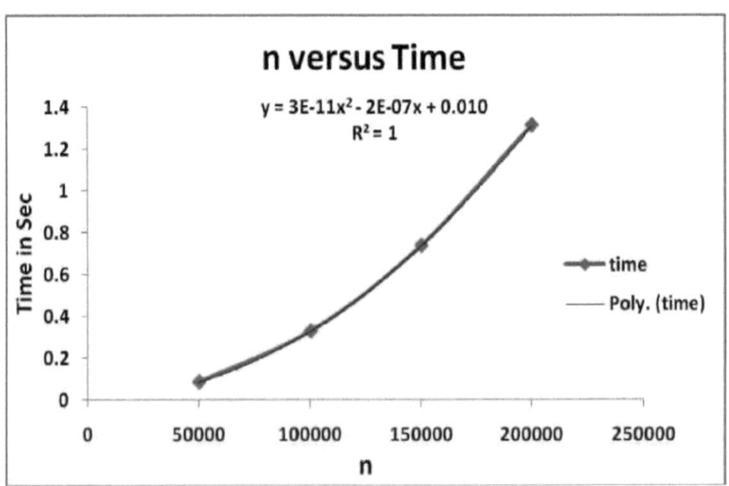

Fig. 5.7: Complexidade média que suporta o pior caso de complexidade $O(n^2)$!

A Tabela 5.9 apresenta os dados das experiências factoriais para realizar o nosso estudo sobre a complexidade parametrizada.

Tabela 5.9: Dados de 3^3 experiências factoriais em K-sort para entradas de distribuição binomial negativa

K-tempos de seleção em segundos para entradas de distribuição binomial negativa (κ , p) para vários n (100000, 150000, 200000) , K (100 , 1000, 1500)ep(0.2, 0.5,0.8).

n = 100000

M	p=0.2	p=0.5	p=0.8
100	0.1093	0.3281	0.8232
1000	0.0598	0.1512	0.3718
1500	0.0358	0.1093	0.265

n=150000

m	p=0.2	p=0.5	p=0.8
100	0.2372	0.7372	1.8592
1000	0.114	0.3376	0.8312
1500	0.0907	0.2502	0.5924

η = 200000

m	p=0.2	p=0.5	p=0.8
100	0.4252	1.3128	3.2952
1000	0.2008	0.594	1.4735
1500	0.1748	0.4596	0.6704

O quadro 5.10 apresenta os resultados utilizando o pacote estatístico MINITAB versão 15.

Tabela 5.10: Resultados de 3^3 experiências factoriais em K-sort para entradas de distribuição binomial negativa

```
Modelo Linear Geral: y versus n, k, p
```

Factor	Type	Levels	Values
n	fixed	3	1, 2, 3
k	fixed	3	1, 2, 3
p	fixed	3	1, 2, 3

Análise de variância para y, usando SS ajustado para testes

Source	DF	Seq SS	Adj SS	Adj MS	F	P
n	2	7.6505	7.6505	3.8252	281942.68	0.000
k	2	7.0575	7.0575	3.5287	260089.68	0.000
p	2	14.4923	14.4923	7.2462	534085.81	0.000
n*k	4	1.8387	1.8387	0.4597	33881.48	0.000
n*p	4	3.7694	3.7694	0.9424	69457.80	0.000
k*p	4	3.8380	3.8380	0.9595	70721.00	0.000
n*k*p	8	1.0142	1.0142	0.1268	9343.78	0.000
Error	54	0.0007	0.0007	0.0000		
Total	80	39.6614				

S = 0.00368340   R-Sq = 100.00%   R-Sq(adj) = 100.00%

K-sort é altamente afetado pelos efeitos principais n, κ e p. Quando consideramos os efeitos de interação, curiosamente descobrimos que todas as interações são significativas em K- sort. Surpreendentemente, mesmo a interação de três factores n*k*p não pode ser negligenciada. Observa-se que y aumenta com o aumento de p na Fig. 5.4. Quando a probabilidade de sucesso p aumenta, é de senso comum que precisaríamos de um número comparativamente menor de tentativas para obter o mesmo número de sucessos k. É provável que isto aumente o número de observações empatadas nos valores da variante binomial negativa. Um momento de reflexão sobre a construção do algoritmo convence-nos que são necessários mais cálculos para a condição "se (chave<=a[p])" (secção 4.2A, passo 3) do que para a condição "se (chave>a[p])". Por outras palavras, o caso de igualdade que resulta em empates é associado ao operador do tipo menor que (<), em que são efectuados mais cálculos. Este facto aumenta o tempo médio de ordenação. Em contrapartida, no caso das entradas binomiais, observou-se que y diminui com o aumento de p até 0,5 e depois aumenta com o aumento de p. Isto deve-se ao facto de, à medida que p se afasta de 0,5, os valores mais baixos da variante (p<0,5) ou os valores mais altos da variante (p>0,5) serem mais prováveis, resultando em mais empates.

Com referência a k, o tempo de seleção diminui com o aumento de k porque o aumento de κ reduz os empates.

Embora se trate de um estudo sobre a complexidade parametrizada, examinámos se a complexidade $O(n\log_2 n)$ do caso médio é robusta em entradas binomiais negativas. Surpreendentemente, não o é e os resultados são 2 2 2 2x

que suporta a complexidade O(n) no pior dos casos, mesmo no caso médio. É importante mencionar aqui que a complexidade $O(n\log_2 n)$ do quick sort foi recentemente desafiada para entradas não uniformes [26]. O K sort é apenas uma variação do quick sort.

A complexidade do caso médio sob a distribuição universal é igual à complexidade do pior caso [27].

5.5 Resumo do capítulo

As experiências factoriais de três cubos realizadas no K-sort revelam que, para certos algoritmos como o de ordenação, os parâmetros da distribuição da entrada, tanto singular como interactivamente, são factores importantes, para além do tamanho da entrada, para avaliar a complexidade temporal com maior precisão. Embora os nossos resultados constituam definitivamente um desafio intelectual para os analistas teóricos, sublinhamos aqui que a predição barata e eficiente [3] é o objetivo de experiências computacionais como as que foram realizadas aqui. Uma experiência computacional é uma série de execuções de um código para várias entradas. O nosso estudo sobre complexidade parametrizada em algoritmos também enfatiza o papel importante que os laços desempenham. Os laços também foram explorados em [18]. O K-sort, no entanto, tem um inconveniente. O algoritmo não tira partido de uma matriz ou submatriz já ordenada. Os programadores modernos mantêm o bubble sort, que tem esta facilidade, como uma sub-rotina do quick sort e das suas diferentes variações. Também nós propomos o mesmo no caso da ordenaçãoK.

O nosso segundo estudo de caso sobre experiências factoriais de três cubos realizadas no K-sort revela novamente que os parâmetros binomiais negativos, juntamente com o tamanho da entrada, têm um efeito significativo no tempo médio de ordenação, que aumenta com o aumento de p, mas diminui com o aumento de k. O algoritmo suporta a complexidade do pior caso, mesmo no caso médio para entradas binomiais negativas. Assim, o que é válido para entradas uniformes pode, em geral, não ser válido para entradas não uniformes, o que coloca a robustez da complexidade média como um problema de investigação difícil. Alguns trabalhos recentes neste sentido mostraram que o limite ideal para a complexidade média é um limite estatístico baseado no peso e que considera todas as operações coletivamente, em vez de limites matemáticos baseados na contagem e específicos de cada operação. O problema com os limites matemáticos baseados na contagem é que, no caso da média, é necessário conhecer a operação central antes de aplicar a expetativa matemática sobre ela e, além disso, a distribuição de probabilidades sobre a qual a expetativa é tomada tem de ser realista no domínio do problema. Remetemos o leitor para [33] e [34]. Pode ver-se [35] para uma visão geral da complexidade parametrizada.

Pode ser interessante saber que a primeira versão do K-sort que utilizava uma matriz auxiliar foi proposta por Sundararajan e Chakraborty [15] e designada por novo algoritmo de ordenação. Khreisat [9] efectuou um estudo comparativo de várias versões do quick sort em termos de velocidade. O novo algoritmo de ordenação também foi testado e verificou-se que competia bem com o SedgewickFast, o Singleton sort e o B-sort, três das versões rápidas do quick sort, para um número de elementos de ordenação entre 3.000 e 2.00.000.

Capítulo 6: O algoritmo de Amir Schoor revisitado para entradas de distribuição Bernoulli e geométrica*

*M. Pal, S. Chakraborty e N. C. Mahanti, Algoritmo de Amir Schoor Revisitado para Entradas de Bernoulli e Distribuição Geométrica, Georgian Electronic Scientific Journal: Ciência da Computação e Telecomunicações, 2012, No. 4(36), 35-40

Neste capítulo, é fácil ver que o número de multiplicações aumenta linearmente com p para n fixo para entradas de distribuição Bernoulli e o número de multiplicações diminui linearmente com p para n fixo para entradas de distribuição geométrica no algoritmo de multiplicação de matrizes de Amir Schoor.

6.1 Introdução

O algoritmo de Amir Schoor: Sejam A, B e C matrizes de pré-fator, pós-fator e produto, respetivamente. O algoritmo de Amir Schoor diz que, para cada a(i, k) diferente de zero, multiplica-se a linha k^{th} de B por a(i, k) e adiciona-se à linha i^{th} de C [28], [55].

Construímos a matriz do produto com todas as entradas nulas antes de iniciar o algoritmo. Além disso, estaríamos a utilizar o código com a matriz pós-fator como uma matriz totalmente densa e a matriz pré-fator com densidade esperada p que pode ou não ser densa. Assim, a estrutura de dados original de Schoor (a estrutura "linha-coluna-valor"), normalmente utilizada para matrizes esparsas, não precisa de ser respeitada. Pode recordar-se que uma matriz triangular é densa [29]. Uma vez que a fronteira entre matrizes esparsas e densas não é bem definida, concordamos em chamar densa à matriz do prefactor em que a fração de zeros é aproximadamente igual à de uma matriz triangular. Geramos uma variante uniforme U[0, 1] e, se esta se situar entre 0 e p, o elemento da matriz de pré-fator passa a ser um; caso contrário, passa a ser zero. Assim, a probabilidade de um elemento *2* 2 desta matriz ser diferente de zero é p e, por conseguinte, pn é o número esperado de elementos diferentes de zero. Dividindo por n^2 obtém-se a densidade como p. Se a e b são as densidades das matrizes de pré e pós-fator, respetivamente, então a complexidade média do caso é $O(abn^3)$ para entradas uniformes [28]. O resultado também se aplica a entradas Bernoulli não uniformes, porque com a=p, b=l (matriz pós-fator totalmente densa) e n fixo, os nossos resultados de simulação confirmam uma complexidade O(p).

6.2 Algoritmos

Aqui, são explicados os passos do algoritmo de multiplicação de matrizes de Amir Schoor e também é dada a geração da matriz pré-fator a partir da distribuição de Bernoulli e da distribuição geométrica. A matriz pós-fator é totalmente densa (entradas discretas uniformes com elementos não nulos).

A) **Multiplicação de matrizes de Amir Schoor**

O pseudocódigo apenas para a versão computacional é o seguinte [29]. Os passos do algoritmo de multiplicação de matrizes de Amir Schoor são os seguintes

Passo-1: Repetir os passos 2 a 8 para 0<=i< n

Passo-2: Repetir os passos 3 a 8 para 0<= k< n

Passo-3: Verificar se a[i][k] é diferente de zero. Enquanto a[i][k] <>0, repetir os passos 4 a 8

Passo-4: Setr:= a[i][k]

Passo-5: Repetir o passo 6 para 0<=j<n

Passo-6: Definirb[k][j]:=b[k][j]*r

Passo-7: Repetir o passo 8 para 0<=j<n

Passo-8:Setc[i][j]:= c[i][j] *b[k][j]

B) Geração da matriz de pré-factores

Os elementos da matriz de pré-factores são gerados a partir da distribuição de Bernoulli e da distribuição geométrica.

i) Distribuição de Bernoulli

As etapas de geração da matriz de pré-factores para as entradas da distribuição Bernoulli são explicadas a seguir

Passo-1: atribuir p (probabilidade de sucesso num único ensaio) num número fixo

Passo-2: Repetir os passos 3 a 5 paraO<=i< n

Passo-3: Repetir os passos 4 a 5 para O<=j <n

Passo-4: Definir r:= rand( ) /RAND_MAX
Passo-5: Comparar r e p.ifr<p então a[i][j]:= 1

senão a[i][j]:=O

ii) Distribuição geométrica

As etapas de geração da matriz pré-fatorial para as entradas da distribuição geométrica são explicadas a seguir

Passo-1: atribuir p (probabilidade de sucesso num único ensaio) num número fixo

Passo-2: Repetir os passos 3 a 5 paraO<=i< n

Passo-3: Repetir os passos 4 a 5 para O<=j <n

Passo-4: Definir".r:= rand( ) /RAND_MAX

Passo-5: Definir a[i][j]:= log(r)/(log(l-p))

C) Geração da matriz pós-fatorial

São apresentadas as etapas de geração de uma matriz pós-fatorial totalmente densa (entradas uniformes discretas com elementos não nulos).

Passo-l: Repetir os passos 2 a 4 paraO<=i< n

Passo-2: Repetir os passos 3 a 4 para O<=j <n

Passo-3: Setrl:= rand()

Passo-4: setb[i][j]:=rl

6.3 Resultados empíricos e discussão

A Tabela 6.1 apresenta o número médio de multiplicações t e o desvio-padrão (média de 1OO tentativas) para diferentes valores dos argumentos p para uma ordem fixa lOOxlOO das matrizes quadradas para entradas de distribuição Bernoulli.

Tabela 6.1: Número médio de multiplicações t (média de 100 tentativas) e desvio padrão para as entradas da distribuição Bernoulli

P	Número de multiplicação, t	Desvio padrão
0.1	127550	2216.06
0.2	223750	2696.38
0.3	320350	2441.41
0.4	420560	5973.14
0.5	516840	3070.24

0.6	609280	4389.72
0.7	706350	4268.55
0.8	804460	4193.33
0.9	904950	7729.33

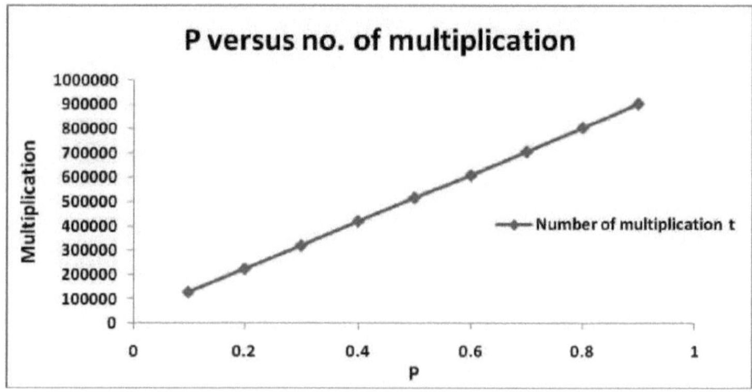

Fig. 6.1: Gráfico para p versus número de multiplicações para entradas de distribuição Bernoulli

A Tabela 6.2 apresenta o número médio de multiplicações, t e o desvio padrão (média de 100 tentativas) para diferentes valores dos argumentos p para uma ordem fixa 100x100 das matrizes quadradas para entradas de distribuição geométrica.

Tabela 6.2: Número médio de multiplicações t (média de 100 tentativas) e desvio-padrão para entradas de distribuição geométrica

P	**Número de multiplicação t**	**Desvio padrão**
0.1	904300	2989.65
0.2	808830	3121.23
0.3	711720	7183.70
0.4	617380	4696.34
0.5	519210	4744.56

0.6	422680	3829.83
0.7	327110	3195.13
0.8	231930	4068.18
0.9	136460	3799.53

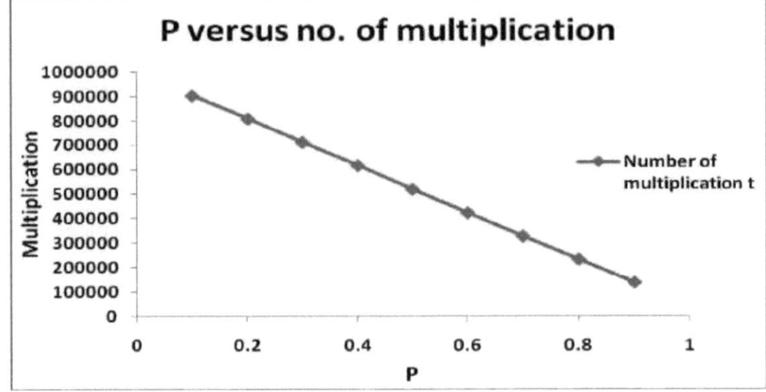

Fig. 6.2: Gráfico de p versus número de multiplicações para entradas de distribuição geométrica

6.4 Resumo do capítulo

É fácil ver que o número de multiplicações aumenta linearmente com p para um n fixo para entradas de distribuição Bernoulli (Tabela 6.1) e o número de multiplicações diminui linearmente com p para um n fixo para entradas de distribuição geométrica (Tabela 6.2). Isto mostra que a distribuição de Bernoulli é oposta à distribuição geométrica. A distribuição de Bernoulli é o caso especial da distribuição binomial e a distribuição geométrica é o caso especial da distribuição binomial negativa. A distribuição binomial é oposta à distribuição binomial negativa.

Capítulo 7: Pesquisa linear versus pesquisa binária: Uma comparação estatística para entradas binomiais*

*A. Kumari, R. Tripathi, M. Pal e S. Chakraborty, Linear Search versus Binary Search: A Statistical Comparison for Binomial Inputs, International Journal of Computer Science, Engineering and Applications, Vol. 2, No. 2, 2012, 29-39

Para certos algoritmos, como a ordenação e a pesquisa, verificou-se que os parâmetros da distribuição de probabilidades de entrada, para além do tamanho da entrada, influenciam a complexidade do algoritmo subjacente. O presente documento faz um estudo estatístico comparativo da complexidade parametrizada entre algoritmos de pesquisa linear e binária para entradas binomiais.

7.1 Introdução

No presente documento, investigamos o efeito dos parâmetros n e p das entradas de uma distribuição binomial no número de comparações na pesquisa linear e na pesquisa binária. Utilizando uma experiência fatorial, observa-se que tanto os efeitos principais n e p como os efeitos de interação n*p são altamente significativos para a pesquisa linear e significativos, mas comparativamente menos significativos para a pesquisa binária. O resultado sugere claramente que, para além do tamanho da entrada, os parâmetros da distribuição da entrada também precisam de ser tidos em conta para explicar o comportamento de certos algoritmos. Num trabalho anterior sobre complexidade parametrizada [4], [17] utilizaram experiências factoriais para explicar a complexidade do software para a ordenação por inserção. Os mesmos autores utilizaram experiências factoriais com um desenho de superfície de resposta em [32] para examinar a natureza do rápido e popular quick sort.

A pesquisa linear (também chamada pesquisa sequencial) é um método para encontrar um determinado valor numa matriz que consiste em verificar cada um dos seus elementos, um de cada vez e em sequência, até encontrar o valor pretendido. A pesquisa linear é bastante simples de implementar, sendo a sua complexidade no pior dos casos proporcional ao número de elementos da lista; o mesmo acontece com a sua complexidade esperada, se todos os elementos da lista tiverem a mesma probabilidade de serem pesquisados. Para uma matriz com k itens, o melhor caso é quando o elemento procurado é o primeiro elemento da matriz, caso em que apenas é necessária uma comparação. O pior caso é quando o elemento procurado está ausente na matriz (ou ocorre apenas uma vez no final da matriz), caso em que são necessárias k comparações. Uma **pesquisa binária** é um algoritmo para localizar a posição de um item numa matriz ordenada. A ideia é simples: comparar o alvo com o item do meio da lista. Se o alvo for o mesmo que o item do meio, o alvo foi encontrado. Se for antes do item do meio, repita este procedimento nos itens antes do meio. Se for depois do item do meio, repita nos itens depois do meio. O método reduz para metade o número de itens a verificar de cada vez, pelo que o encontra ou determina que não está presente em tempo logarítmico. Uma pesquisa binária é um algoritmo de pesquisa dicotómico [75] que divide e conquista. Para uma extensa literatura sobre pesquisa, pode sugerir-se a consulta de [1].

7.2 Algoritmos

Os algoritmos para pesquisa linear, pesquisa binária e distribuição binomial são os seguintes

A) Pesquisa linear

Neste caso, o algoritmo procura um dado argumento K e os dados de entrada provêm de uma distribuição binomial. Assume-se que o número de dados n>= 1.

Passo-1: Definir i := 1

Passo-2: SeK := a[i] então o algoritmo termina com sucesso

Passo-3: Aumentar i em 1

Passo-4: Sei<= n, volta ao passo 2. Caso contrário, o algoritmo termina sem êxito.

B) Pesquisa binária

Aqui, o algoritmo procura um dado argumento K e os dados de entrada provêm da distribuição binomial. Se K estiver no conjunto de dados, satisfaz a[l]<=K<=a[u].

Passo-1: Definir l :=1, u:=n

Passo-2: Seu< l então o algoritmo termina sem sucesso.

senão, definir i := (l + u)/2

Passo-3: SeK < a[i], passar ao passo 4. SeK> a[i], passar ao passo 5 e

seK = a[i], o algoritmo termina com êxito

Passo-4: Definir u := i-1 e voltar ao passo 2

Passo-5: Definir l := i+1 e voltar ao passo 2

C) Distribuição binomial

Os passos para extrair dados da distribuição binomial são apresentados no capítulo 5 (secção 5.2A)

7.3 Resultados empíricos e discussão

Na secção 7.3.1, discutiremos os resultados da experiência fatorial e, na secção 7.3.2, mostraremos outros resultados experimentais.

7.3.1 Resultados da experiência fatorial

As variantes binomiais são preenchidas independentemente numa matriz de tamanho 2000 (fixo) e faz-se uma pesquisa linear de um elemento que esteja na matriz. Estamos interessados em encontrar o número de comparações esperadas para verificar se o elemento procurado está presente. Para garantir que o elemento procurado está efetivamente disponível na matriz, foi selecionado aleatoriamente um índice da matriz e a chave deste índice é o elemento procurado. O código é omitido.

Para estudar os efeitos principais de n e p, bem como os efeitos de interação n*p dos parâmetros n e p das entradas da distribuição binomial (n, p) sobre o número de comparações, foi realizada uma experiência fatorial de 3^2 com dois factores n e p, cada um com três níveis (3000, 6000, 9000 para n e 0,2, 0,5 e 0,8 para p). A Tabela 7.1 apresenta os dados para a experiência fatorial desejada (n é escrito como N e p como P; isto é o que o MINITAB imprimirá) para a pesquisa linear, enquanto a Tabela 7.2 apresenta o mesmo para a pesquisa binária. A Tabela 7.3 e a Tabela 7.4 apresentam as tabelas ANOVA que descrevem os resultados da experiência fatorial na pesquisa linear e na pesquisa binária, respetivamente.

A Tabela 7.1 fornece os dados para a experiência fatorial desejada. (n é escrito como N e p como P; isto é o que o MINITAB imprimirá).

Tabela 7.1: Dados relativos ao número médio de comparações na pesquisa linear para um tamanho de matriz fixo (2000) e variando N e P para entradas

binomiais

Primeiro conjunto de observações

P	**N=3000**	**N=6000**	**N=9000**
0.2	119.92	515.02	967.79
0.5	112.47	581.42	1185.53
0.8	108.03	535.30	1022.51

Segundo conjunto de observações

P	**N=3000**	**N=6000**	**N=9000**
0.2	118.03	516.09	967.95
0.5	112.09	582.50	1184.36
0.8	107.56	533.40	1020.31

Terceiro conjunto de observações

P	**N=3000**	**N=6000**	**N=9000**
0.2	119.06	514.86	968.03
0.5	111.43	581.89	1186.46
0.8	108.98	536.20	1021.56

Tabela 7.2: Dados relativos ao número médio de comparações na pesquisa binária para um tamanho de matriz fixo (2000) e variando N e P para entradas binomiais

Primeiro conjunto de observações

P	**N=3000**	**N=6000**	**N=9000**
0.2	1001.33	4019.86	7059.48
0.5	994.98	3934.99	6934.33
0.8	1034.68	4086.44	7029.36

Segundo conjunto de observações

P	**N=3000**	**N=6000**	**N=9000**

0.2	975.69	4046.29	7054.04
0.5	998.20	3966.21	6952.95
0.8	982.34	4002.58	7058.36

Terceiro conjunto de observações

P	**N=3000**	**N=6000**	**N=9000**
0.2	1014.41	4032.38	7019.08
0.5	1005.05	3966.83	6989.9
0.8	988.91	3991.4	7039.2

Tabela 7.3: Resultado de 3^2 experiências factoriais de pesquisa de linha

Conceção Fatorial Multinível

```
Factors:      2    Replicates:    3

Base runs:    9    Total runs:   27

Base blocks:  1    Total blocks:  1
Número de níveis: 3, 3
```

Modelo Linear Geral: y versus N, p

```
Factor  Type   Levels  Values

N       fixed   3      1, 2, 3

p       fixed   3      1, 2, 3
```

Análise de variância para y, usando SS ajustado para testes

Fonte	DF	Seq SS	Adj SS	Adj EM	F	P
N	2	4030817	4030817	2015409	2659942.28	0.000
p	2	42272	42272	21136	27895.62	0.000
N*p	4	42014	42014	10504	13862.63	0.000
Erro	18	14	14	1		
Total	26	4115118				

```
S = 0.870453   R-Sq =     .00% R-  Sq(adj) =100.00%
               100
```

Tabela 7.4: Resultado de 3^2 experiências factoriais de pesquisa binária:-

Conceção Fatorial Multinível

```
Factors:      2    Replicates:    3

Base runs:    9    Total runs:   27

Base blocks:  1    Total blocks:  1

Número de níveis: 3, 3
```

Modelo Linear Geral: y versus N, P

```
Factor  Type   Levels  Values

N       fixed     3    1, 2, 3

P       fixed     3    1, 2, 3
```

Análise de variância para y, usando SS ajustado para testes

```
Source  DF     Seq SS     Adj SS    Adj MS          F      P

N        2  162847793  162847793  81423897  123575.44  0.000

P        2      16681      16681      8340      12.66  0.000

N*P      4       8489       8489      2122       3.22  0.037

Error   18      11860      11860       659

Total   26  162884823

S = 25.6691   R-Sq = 99.99%   R-Sq(adj) = 99.99%
```

7.3.2 Outros resultados experimentais

As Tabelas 7.5 a 7.8 e as Figs. 7.1 a 7.8 resumem os nossos outros resultados experimentais.

Estes resultados foram obtidos para um tamanho de matriz fixo κ = 2000.

Tabela 7.5: Média e DP do n.º de comparações para p=0,2 fixo e N variando de 3000 a 9000

	Pesquisa linear		Pesquisa binária		
N	MEIO	SD		MEIO	SD
3000	95.42429	5.099625		971.1229	21.92183
4000	211.8057	8.217798		1928.013	42.26884
5000	340.4814	10.77158		2893.254	76.00657
6000	483.5814	15.46534		3880.792	1111.529
7000	632.7686	19.9731		4879.703	148.2382
8000	820.7614	25.74744		5854.994	185.6159
9000	971.8386	31.84307		6849.33	222.3924

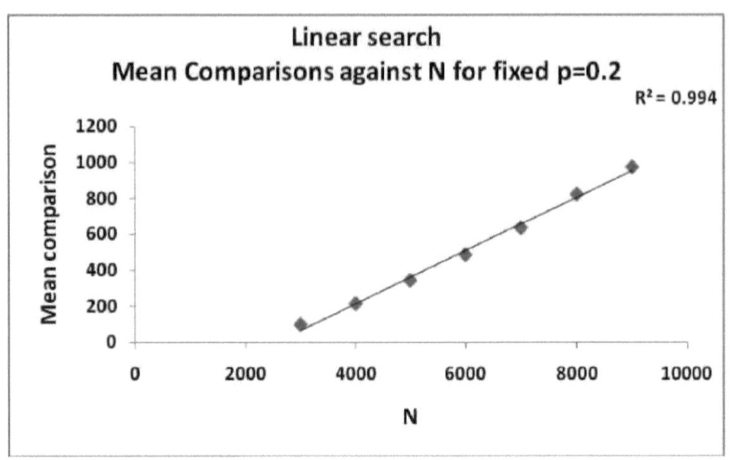

Fig. 7.1: Gráfico entre N e comparações médias para pesquisa linear (p=0.2)

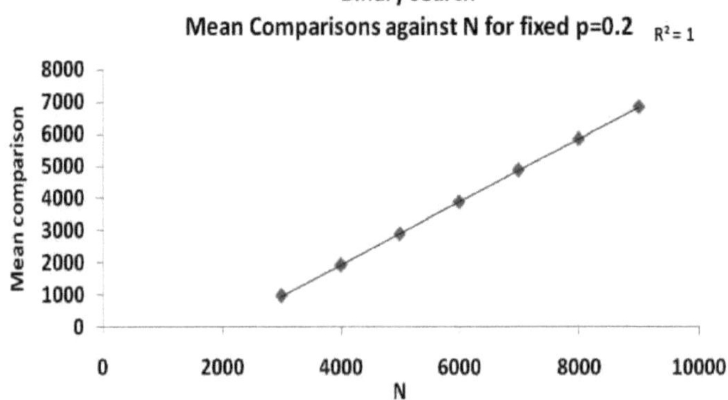

Fig. 7.2: Gráfico entre N e comparações médias para pesquisa binária (p=0.2)

Tabela 7.6: Média e DP do n.º de comparações para p=0,5 e N variando de 3000 a 9000

	Pesquisa linear			Pesquisa binária	
N	MEIO	SD		MEIO	SD

3000	130.1014	7.00651		972.08	21.59409
4000	264.1129	8.887761		1980.031	42.77784
5000	415.3614	13.31927		2928.61	77.99048
6000	588.0328	18.06139		3899.347	112.9273
7000	756.0186	24.04293		4844.13	148.9676
8000	924.8	26.66672		5850.78	185.8966
9000	1121.763	36.24661		6819.733	222.2228

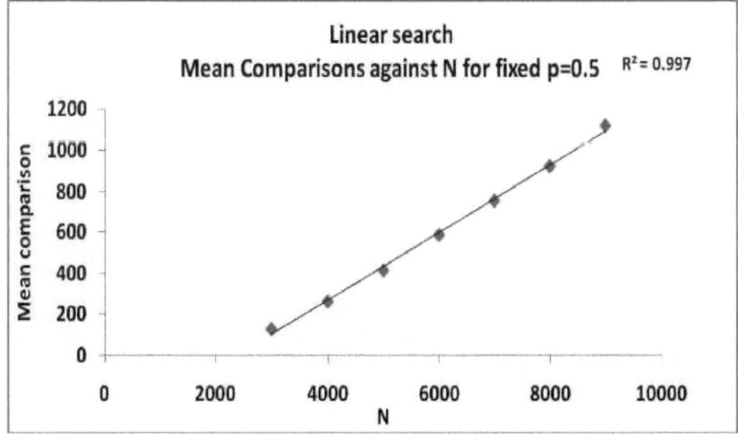

Fig. 7.3: Gráfico entre N e comparações médias para pesquisa linear (p=0,5)

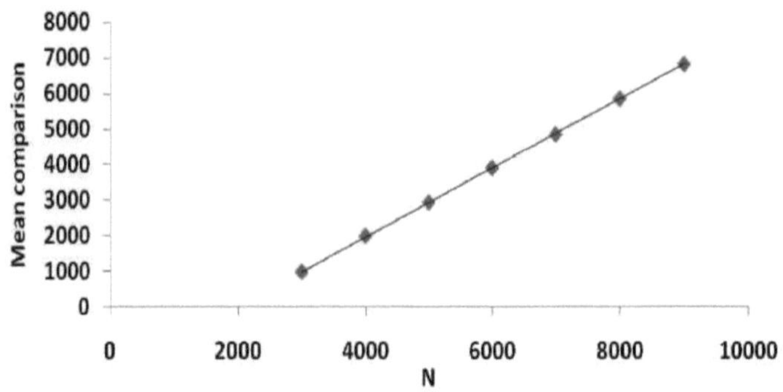

Fig. 7.4: Gráfico entre N e comparações médias para pesquisa binária (p=0,5)

Tabela 7.7: Média e DP do n.º de comparações para p=0,8 fixo e N variando de 3000 a 9000

Pesquisa linearPesquisa binária

N	MEIO	SD		MEIO	SD
3000	115.6329	6.243703		1018.141	21.48802
4000	245.1214	8.52181		1985.369	44.04666
5000	393.5871	12.7249		2975.52	78.13666
6000	550.3929	17.45485		3982.537	114.5793
7000	704.8671	22.51765		4990.81	152.1838
8000	856.3285	27.90663		5981.506	189.8659

9000	1041.273	33.69814		7011.628	227.1954

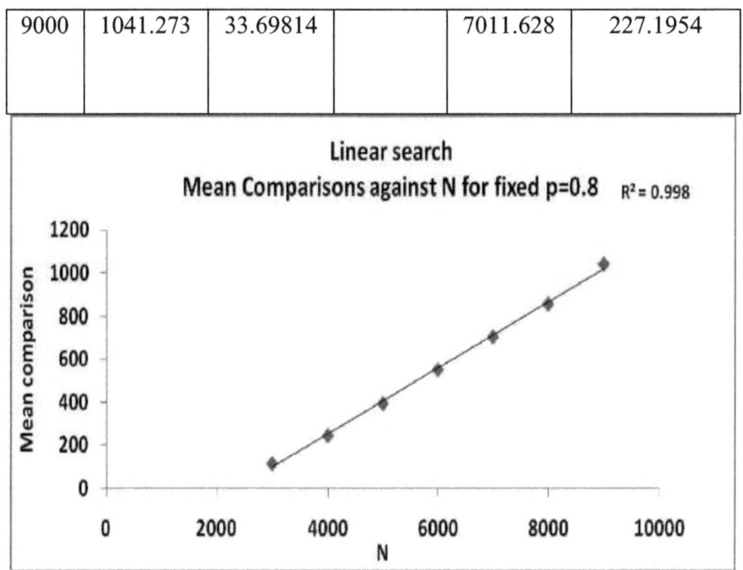

Fig. 7.5: Gráfico entre N e comparações médias para pesquisa linear (p=0,8)

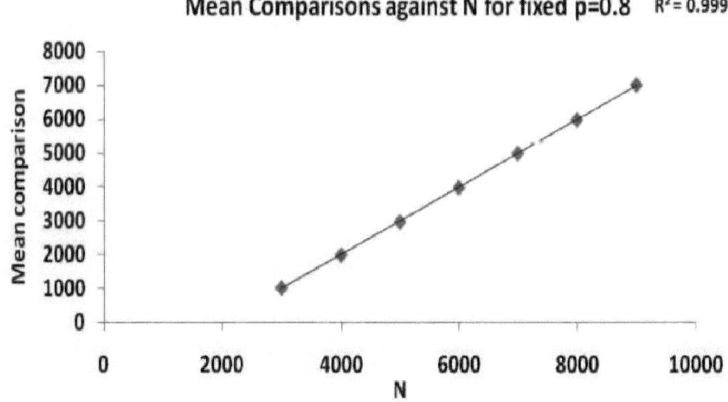

Fig. 7.6: Gráfico entre N e comparações médias para pesquisa binária (p=0,8)

Tabela 7.8: Média e DP do n.º de comparações para N=10 000 fixo e p variando de 0,1 a 0,9

	Pesquisa linear			Pesquisa binária	
P	MEIO	SD		MEIO	SD

0.1	146.4986	8.256072		1007.9	21.96101
0.2	312.5357	9.884373		2030.541	43.94901
0.3	488.8714	14.8072		3028.646	79.62766
0.4	683.6443	20.83033		4020.094	116.2303
0.5	887.1243	27.49452		5019.079	153.6259
0.6	1076.687	34.59078		6050.274	190.9012
0.7	1289.791	42.12352		7076.607	229.6028
0.8	1460.953	49.30895		8077.373	268.2914
0.9	1601.191	55.57834		9095.618	305.9862

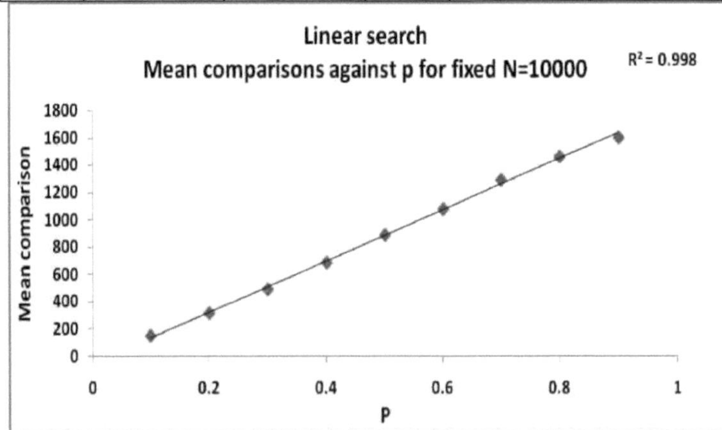

Fig. 7.7: Gráfico entre p e comparações médias para pesquisa linear (N=10.000)

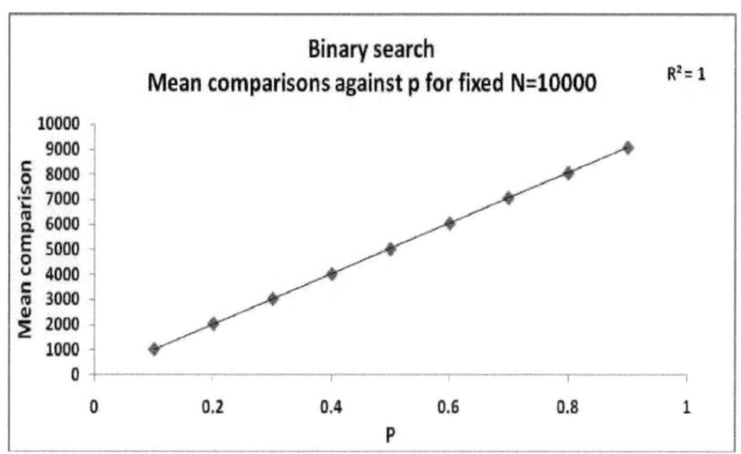

Fig. 7.8: Gráfico entre p e comparações médias para pesquisa binária (N=10.000)

Pode argumentar-se teoricamente que os parâmetros da distribuição binomial, para além da dimensão da matriz κ (aqui fixada em 2000), afectarão o número de comparações na pesquisa linear (o mesmo para a pesquisa binária está a ser investigado). Uma vez que o elemento procurado pode estar presente em mais do que um sítio, suponhamos que a primeira vez que aparece é na posição r, r=l, 2...k. Então temos de ter que as primeiras r-1 comparações não produziram o elemento procurado e que a rth comparação o produziu.

Evidentemente, esta probabilidade é

$P(r) = C\{1\text{-}f(y, n, p)\}^{r-1} f(y, n, p)$, r=l, 2...k .... (1)

em que y é o elemento procurado.

Isto deve-se ao facto de os elementos da matriz κ serem preenchidos independentemente com variantes binomiais (n, p), de modo que a probabilidade de qualquer elemento da matriz ser y é

$$P(X=y)=f(say)={}^{n}C_{y}\, p^{y} (1-p)^{n-y}$$

e não ser y é 1-f quando P(X=y) é a função de massa de probabilidade da variante binomial. Para mais informações sobre a distribuição binomial, consultar o capítulo 5 (secção 5.2A). C é um fator de normalização para assegurar $\Sigma P(r) = 1$, r = 1, 2... .k Pode demonstrar-se que o número esperado de comparações

$$= E(r) = \Sigma r.\ P(r) \text{(o somatório é sobre r=1, 2,..., k)} = CfS$$

onde $C = 1/[1 - P(0) - P(k+1) - P(k+2)......]$

$$f = {}^{n}C_{y}\, p^{y}\, (1-p)^{n-y}$$

e, $S = [1 - \{1-f\}^{k}]/f^{2} - k\{1-f\}^{k}/f$

A variável aleatória r segue uma distribuição Geométrica duplamente truncada, uma vez que r não pode assumir o valor 0, nem pode assumir um valor superior a k.

No entanto, a expressão do número esperado de comparações não permite estabelecer a significância do efeito de interação n*p, pelo que recorremos a experiências factoriais. Os nossos resultados confirmam que o efeito de interação, para além dos efeitos principais, é altamente significativo. Além disso, as Figs. 7.1-7.8 sugerem uma complexidade O(n) para p e k fixos e uma complexidade O(p) para n e k fixos.

7.4 Resumo do capítulo

Utilizando 3^2 experiências factoriais, observa-se que não só os efeitos principais n e p, mas também os efeitos de interação n*p são altamente significativos na influência do número de comparações na pesquisa linear para a entrada Binomial (n, p). No entanto, observa-se também que os efeitos principais n, p e os efeitos de interação n*p são comparativamente menos significativos para influenciar o número de comparações na pesquisa binária para a entrada Binomial (n, p). Além disso, as comparações médias parecem depender linearmente de n e p para k fixo. Curiosamente, isto é verdade tanto para a pesquisa linear como para a pesquisa binária. Os resultados sugerem claramente que, para além do tamanho da entrada, os parâmetros da distribuição da entrada também devem ser tidos em conta para explicar o comportamento de certos algoritmos. O papel das experiências factoriais está firmemente estabelecido na análise da complexidade parametrizada desses algoritmos. À pergunta sobre que algoritmos são mais adequados para estes estudos de complexidade parametrizada, a resposta é que aqueles em que a fixação do parâmetro de entrada que caracteriza o tamanho da matriz (k no nosso caso) não fixa todas as operações de computação. Os algoritmos de ordenação e de pesquisa enquadram-se nesta categoria. O trabalho futuro inclui estudos de casos interessantes semelhantes.

Capítulo 8: Conclusão e âmbito do trabalho futuro

8.1 Conclusão

Concluímos deste trabalho que o shift-insertion sort, uma nova versão do insertion sort desenvolvida por nós, é evidentemente mais rápido do que o insertion sort convencional. A experiência fatorial de três cubos realizada com o novo insertion sort e o insertion sort revela que, para certos algoritmos como o de ordenação, os parâmetros da distribuição da entrada, tanto singular como interactivamente, são factores importantes, para além do tamanho da entrada, para avaliar a complexidade temporal com maior precisão. A comparação entre os dois métodos de ordenação mostra claramente este facto. Por exemplo, no nosso caso, os dois parâmetros (k e p) da distribuição binomial negativa têm um efeito muito significativo no tempo de seleção. Utilizámos uma experiência fatorial de 3 cubos para estudar a dependência do fator na complexidade do tempo médio de um programa útil como a triagem. Embora os nossos resultados constituam, sem dúvida, um desafio intelectual para os analistas teóricos, sublinhamos aqui que o objetivo das experiências informáticas é a previsão barata e eficiente. Do mesmo modo, quando os elementos de ordenação seguem uma distribuição normal N (m , s) na ordenação por inserção por deslocamento e na ordenação por inserção, os parâmetros da distribuição da entrada, tanto singular como interactivamente, são factores importantes, para além do tamanho da entrada, para avaliar a complexidade temporal com maior precisão. Neste caso, o shift insertion sort é mais sensível aos efeitos principais do que o insertion sort e é também mais sensível aos efeitos de interação do que o insertion sort, exceto no caso da interação n*m e s*m, para a qual o insertion sort continua a ser ligeiramente mais sensível.

Uma nova versão do quick sort, K-sort, é evidentemente mais rápida do que o heap sort para um número de elementos de ordenação até 70 lakhs, embora ambos os algoritmos tenham a mesma ordem de complexidade $O(n\log_2 n)$ no caso médio. No entanto, concordamos em optar pela ordenação em pilha no pior caso, devido ao facto de manter a complexidade $O(n\log_2 n)$ mesmo no pior caso, embora seja mais difícil de programar. Esta versão melhorada envolve um estudo sobre a complexidade parametrizada.

As experiências factoriais de três cubos são também realizadas no K-sort, uma nova versão do quick sort, em que os parâmetros da distribuição da entrada de forma singular e interactiva são factores importantes, para além do tamanho da entrada. Também avalia a complexidade parametrizada de forma mais precisa. O nosso estudo sobre a complexidade parametrizada dos algoritmos também realça o papel importante dos laços.

O K-sort tem, no entanto, uma desvantagem. O algoritmo não tira partido de uma matriz ou submatriz já ordenada. Os programadores modernos mantêm o bubble sort, que tem esta facilidade, como uma sub-rotina do quick sort e das suas diferentes variações. Também nós propomos o mesmo no caso da ordenaçãoK.

No caso da multiplicação de Amir Schoor, é fácil ver que o número de multiplicações aumenta linearmente com p para um n fixo para entradas de distribuição Bernoulli e o número de multiplicações diminui linearmente com p para um n fixo para entradas de distribuição geométrica, em que p é a probabilidade de sucesso e n é o número de entradas. Isto mostra que a distribuição de Bernoulli é oposta à distribuição geométrica. A distribuição de Bernoulli é o caso especial da distribuição binomial e a distribuição geométrica é o caso especial da distribuição binomial negativa. A distribuição binomial é oposta à distribuição binomial negativa. Na distribuição binomial, o número de ensaios independentes efectuados é fixo, mas o número de sucessos é uma variável aleatória. No caso da binomial negativa, é o inverso.

No caso da pesquisa linear e binária, utilizando 3^2 experiências factoriais, observa-se que não só os efeitos principais n e p, mas também os efeitos de interação n*p são altamente significativos na influência do número de comparações na pesquisa linear para a entrada binomial (n, p). Ao passo que, utilizando 3^2 experiências factoriais, se observa que os efeitos principais n, p e os efeitos de interação n*p são menos significativos para influenciar o número de comparações na pesquisa binária para a entrada binomial (n, p). Os resultados sugerem claramente que, para além do tamanho da entrada, os parâmetros da distribuição da entrada também devem ser tidos em conta para explicar o comportamento de determinados algoritmos. O papel das experiências factoriais está firmemente estabelecido na análise da complexidade parametrizada desses algoritmos. Quanto à questão de saber quais são os algoritmos mais adequados para este tipo de estudos, a resposta é que aqueles em que a fixação do parâmetro de entrada que caracteriza o tamanho da matriz (k, no nosso caso) não fixa todas as operações de computação. Os algoritmos de ordenação e de pesquisa inserem-se nesta categoria.

8.2 Âmbito dos trabalhos futuros

Esta tese faz um estudo estatístico da complexidade parametrizada apenas nos algoritmos de ordenação, pesquisa e multiplicação de matrizes. Somos encorajados pelo sucesso em fazer estudos semelhantes noutros algoritmos, como os da teoria dos grafos e da combinatória. Também é possível fazer análises experimentais trabalhando com contagens em vez de pesos, como se faz na teoria. Por exemplo, pode fixar-se uma variável de contador para contar o número de comparações num código de ordenação. Nesses casos, os resultados experimentais sobre a complexidade parametrizada podem ser diretamente comparados com a análise teórica. Isto é deixado como um trabalho futuro gratificante.

REFERÊNCIAS

[1] D.E. Knuth, The Art of Computer Programming, Sorting and Searching, Vol. 3, Addison Wesley (Pearson Education Reprint), 2000.

[2] J. Sacks, W. Weltch, T. Mitchel, H. Wynn, Design and analysis of computer experiments, Statistical Science, 4 (4), 1989.

[3] A. Aho, J. Hopcroft, J. Ullman, Data Structures and Algorithms, Pearson Education reprint, 2000.

[4] Anchala Kumari e Soubhik Chakraborty, Software complexity: A statistical case study through insertion sort, Applied Mathematics and Computation, 190, 40-50, 2007.

[5] S. Chakraborty, D. N. Modi and S. Panigrahi, Will the weight based statistical bounds revolutionize the IT? International Journal of Computational Cognition, 7(3), 16-22, 2009.

[6] M. Pal, S. Chakraborty and N. C. Mahanti, Shift-insertion sort: a new faster version of insertion sort, International Journal of Computational Cognition (Aceite).

[7] M. Pal, S. Chakraborty and N. C. Mahanti, Shift-insertion sort revisited: another statistical case study on parameterized complexity using fatorial experiments, International Journal of Computational Cognition (http://www.ijcc.us), 9(1), 13-16, June 2011.

[8] V. A. Dobrushkin, Methods in Algorithmic Analysis, Chapman and Hall/ CRC, Taylor and Francis Group, 2010.

[9] L. Khreisat, Quick Sort A Historical Perspective and Empirical Study, International Journal of Computer Science and Network Security, 7 (12), 54-65, dezembro de 2007.

[10] K.T. Fang, R. Li e A. Sudjianto, Design and Modeling of Computer experiments Chapman and Hall, 2006.

[11] S. Chakraborty e S.K. Sourabh, A Computer Experiment Oriented Approach to Algorithmic Complexity, Lambert Academic Publishing, 2010.

[12] S. Chakraborty, Review of the book Design and Modeling of Computer Experiments authored by K. T. Fang, R. Li and A. Sudjianto, Chapman and Hall, 2006, publicado em Computing Reviews, Feb 12, 2008, www.computingreviews.com .

[13] W. Kennedy e J. Gentle, Statistical Computing, Marcel Dekkerlnc., 1980.

[14] H. Mahmoud, Sorting: A Distribution Theory, John Wiley and Sons, 2000. [15] K.K. Sundararajan and S. Chakraborty, A New Sorting Algorithm, Applied Mathematics and Computation, 188(1), 1037-1041,2007.

[16] K. K. Sundararajan, M. Pal, S. Chakraborty e N. C. Mahanti, K-sort: Um novo algoritmo de ordenação que bate a ordenação Heap para n < 70 lakhs! arXiv:1107.3622v1 [cs.DS].

[17] M. Pal, S. Chakraborty and N. C. Mahanti, How does the Shift-insertion Sort behave when the sorting elements follow a Normal distribution? Annals Computer Science Series, VIII, Fasc. 2, 93-98, 2010.

[18] S. Chakraborty, S. K. Sourabh, M. Bose e K. Sushant, Replacement sort revisited: The "gold standard" unearthed!, Applied Mathematics and Computation, 189(2), 384-394, 2007.

[19] Rod G. Downey e Michael R. Fellows, Parameterized Complexity, Springer, 1999.

[20] K. K Sundararajan, M. Pal, S. Chakraborty, B. Pal and N.C. Mahanti, An Empirical Study on K-Sort for Binomial Inputs, International Journal ofMathematical archive,

2(8), 1274-1278,

2011.

[21] R.A. Fisher, The Arrangements ofField Experiments, Journal of the of the Ministry Agriculture of Great Britain, 33, 503513, 1926.

[22] R.A. Fisher, The Design ofExperiments, Macmillan Pub. Co., 9th Edition, 1971.

[23]http://www.iasri.res.in/ebook/EB SMAR/ebook pdf%20files/Manual%20III/5 Fatorial-Expts.pdf

[24] G.E. Box, W.G. Hunter, J.S. Hunter, Statistics for Experimenters: Design, Innovation, and Discovery, 2ª edição, Wiley, 2005

[25] S. Chakraborty e S.K. Sourabh, A Computer Experiment Oriented Approach to Algorithmic Complexity, Lambert Academic Publishing, 2010

[26] S.K. Sourabh and S. Chakraborty, How robust is quick sort average complexity ? arXiv:0811.4376v1 [cs.DS].

[27] M. Li e P.M.B. Vitanyi, Average case complexity under the Universal distribution equals worst case complexity, Information Processing Letters, 42(3), 145-149, 1992.

[28] A. Schoor, Fast algorithm for sparse matrix multiplication,

Information processing Letters, 15, 87-89, 1982.

[29] Sartaj Sahni, Data Structure and Algorithms in C++, Tata McGraw Hill, 2000.

[30] Soubhik Chakraborty, Suman Kumar Sourabh, On why an algorithmic time complexity measure can be system invariant rather than system independent, Applied Mathematics and Computation 190, 195-204, 2007.

[31] Gilles Brassard e Paul Bratley, Fundamentals of Algorithmics, Pearson Prentice Hall, 2007.

[32] A. Kumari, and S. Chakraborty, A Simulation Study on Quick Sort Parameterized Complexity Using Response Surface Design, International Journal of Mathematical Modeling, Simulation and Applications, 1(4), 448-458, 2008.

[33] S.K. Sourabh and S. Chakraborty, Empirical Study on the Robustness of Average Complexity & Parameterized Complexity Measure for Heap sort Algorithm, International Journal of Computational Cognition, 7(4), 1-11, 2009.

[34] S.K. Sourabh and S. Chakraborty, Empirical Study on the Average Time Complexity of Shell Sort Algorithm: Histórico

perspetiva, robustez e complexidade parametrizada,
Revista Internacional de Modelação Matemática, Simulação e Aplicações, 3(2), 2010

[35] http://en.wikipedia.org/wiki/Parameterized complexidade .

[36] S.C. Gupta e V. K. Kapoor, Fundamentals of Applied Statistics, Sultan Chand & Sons, 1976.

[37] J. Flum e M. Grohe. Parameterized Complexity Theory. Springer-Verlag, 2006.

[38] R. Niedermeier. Invitation to Fixed-Parameter Algorithms. Oxford University Press, 2006.

[39] R. Dennis Cook, Sanford Weisberg, Residuals and Influence in Regression, Chapman & Hall, 1982.

[40] G. E. P. Box e N. R. Draper, 'Empirical Mode-Building and Response Surface' Wiley, New York, 1987.

[41] T. J. Santner, B. J. Williams e W. I. Notz, "The Design and Analysis of Computer Experiments" Springer, Nova Iorque, 2003.

[42] R. A. Bates, R. J. Buck, E. Riccomagno, H. P. Wynn, "Experimental design and observation for large systems" Journal of the Royal Statistical Society, 58(B), 77 - 94,

1996.

[43] J. R. Koehler e A. B. Owen, Experiências computacionais. Em S. Ghosh e C. R. Rao (Eds.), Handbook of Statistics 13: Designs and Analysis ofExperiments, Elsevier Science B.V., North-Holland, Amsterdam, 261 - 308,1996.

[44] A. Dey and R. Mukherjee, Fractional Fatorial Plans, John Wiley, New York, 1999.

[45] R. Melville e D. Gries, Sorting: Uma teoria da distribuição, 1980.

[46] C.A.R. Hoare, "Algorithm 64: Quicksort," Comm. ACM 4, 7,321, julho de 1961.

[47] R. Sedgewick, Algorithms in C++, 3ª edição, Addison Wesley, 1998.

[48] J. L. Bentley e R. Sedgewick, "Fast algorithms for sorting and searching strings", In Proc. 8th annual ACM-SIAM symposium on Discrete algorithms, New Orleans, Louisiana, USA, 360 - 369, 1997 .

[49] R. Chaudhuri e A. C. Dempster, "A note on slowing Quicksort", SIGCSE 25(2), 1993.

[50] R. Loeser, "Some performance tests of quicksort: and descendants," Comm. ACM 17, 3,143 - 152, Mar. 1974.

[51] R. Sedgewick, "The Analysis of Quicksort Programs," Ata Informatica 7, 327 - 355, 1977.

[52] R. Sedgewick, "Implementing Quicksort programs," Comm, of ACM, 21(10), 847 - 857, Oct. 1978.

[53] R. Sedgewick, "Quicksort", dissertação de doutoramento, Universidade de Stanford, Stanford, CA, Stanford Computer Science Report STAN-CS-75-492, maio de 1975.

[54] Robert Melville, David Gries: Controlled Density Sorting, Information Processing Letters, 10(4/5), 169-172, 1980.

[55] Daniel Krfil, Pavel Neogrfidy, Vladimir Kell, _Simple sparse matrix multiplication algorithm, Computer Physics Communications, 85(2), 213-216, 1995.

[56] R. L Wainright, "Quicksort algorithms with an early exit for sorted subfiles," Comm. ACM, 1987.

[57] C. A. R. Hoare, "Quicksort," Computer Journal, 5, 10-15, 1962.

[58] R. S. Scowen, "Algorithm 271: quickersort," Comm. of the ACM 8, 669- 670, 1965.

[59] R. Sedgewick, Algorithms in C++, 3ª edição, Addison Wesley, 1998.

[60] R. C. Singleton, "Algorithm 347: An efficient algorithm for sorting with minimal storage," Comm. ACM 12, 3, 186-187, Mar. 1969.

[61] N. Wirth, Algorithms + Data Structures = Programs, Prentice - Hall, 1976.

[62] http://en.wikipedia.org/wiki/Linear algoritmo de pesquisa

[63] http://en.wikipedia.org/wiki/Binary algoritmo de pesquisa

[64] Adam Horvath "Pesquisa binária e desempenho da pesquisa linear na plataforma .NET e Mono"

[65] Robert L Kruse, "Data Structures and Program Design in C++", Prentice- Hall, 1999.

[66] J.W. J Williams , Algorithm 232: Heap sort, Comm. ACM 7:6, 347- 348, 1964.

[67] D.E. Knuth, The Art of Computer Programming, Fundamental Algorithms, Vol.1, Addison Wesley 1968.

[68] D.E. Knuth, Optimum binary search trees, Ata Informatica 1(1), 14-25, 1971.

[69] S. Chatterjee, A. S. Hadi and B. Price, Regression analysis by Example, 3rd Edition, John Wiley and Sons, 2000

[70] C. Cotta, and P. Moscato, A mixed evolutionary-statistical analysis of an algorithm's complexity , Applied Math. Letters, 16(1),41-47, janeiro de 2003.

[71] S. Ross, A First course in Probability, Pearson Edu. reimpressão, 2006

[72] M. Pal, S. Chakraborty, N.C. Mahanti, "Amir Schoor's algorithm revisited for Bernoulli and geometric distribution inputs", Communicated.

[73] Anchala Kumari, Rama Tripathi, Mita Pal e Soubhik Chakraborty, "Linear Search versus Binary Search: A Statistical Comparison for Binomial Inputs", International Journal of Computer Science, Engineering and Applications (Accepted).

[74] K. K. Sundararajan, Mita Pal, Soubhik Chakraborty, Bijeeta Pal e N.C. Mahanti, "K Sort Revisited for Negative Binomial Inputs", Algorithms Research, 1(1), 1-4, 2011.

[75] Dictionary of Algorithms and Data Structures [em linha], Paul E. Black, U.S. National Institute of Standards and Technology.

17 de dezembro de 2004.

Printed by Books on Demand GmbH, Norderstedt / Germany